분양판!
이제는
블로그의
시대다

분양판! 이제는 **블로그**의 시대다

발행일   2018년 1월 24일

지은이   이 용 민
펴낸이   이 용 민
펴낸곳   부동산산책
출판등록 제 2016-000018호
주소   세종특별자치 한누리대로 2149 801호 부동산산책

ISBN   979-11-958619-3-4 03320

이 도서의 국립중앙도서관 출판예정도서목록(CIP)은 서지정보유통지원시스템 홈페이지(http://seoji.nl.go.kr)와
국가자료공동목록시스템(http://www.nl.go.kr/kolisnet)에서 이용하실 수 있습니다.
(CIP제어번호 : CIP2018001808)

분양판!
이제는
블로그의
시대다

이용민 지음

부동산산책

차례

블로그의 투자는
분양판 정복의 지름길이다

전국의 분양 현장에는 오늘도 고군분투하며 뛰는 분양상담사들이 있다. 그들의 공통된 목표는 많은 계약 창출이다. 하지만 계약은 뜻대로 되지 않고 있다. 뛰는 것과 비례해서 가성비가 낮은 것이 분양현장이다. 왜 그럴까? 결국 그들의 영업 방식이 현장에서 먹혀들지 않기 때문이다. 많은 분양인들은 새로운 영업 방식을 갈망한다. 이전 방식은 한계가 노출되었기 때문이다.

이때 등장한 것이 블로그 분양영업이다. 블로그는 현 시대의 트렌드요 대세다. 분양에도 적용하며 월 수천의 수익을 가져다 준 예가 속속히 나오고 있다. 허나 어설프게 시작했다가 효과를 얻지 못하고 도중하차하는 분양인들이 늘어나고 있다. 그것은 제대로 된 기술과 방법이 아닌 흔히 말하는 '꾼'들에게 휘둘림을 당하고 손해만 본 경우다.

나는 분양상담사로 시작해 현재 분양광고 사이드 전문 업체를 운영하고 있다. 이렇게 좋지 않은 모습들을 보면 분양 블로그광고업체와 분양인으로서 조금이나마 책임감을 느낀다.

이것이 바로 이 책을 쓰게 된 동기다. 많은 분들을 만나 강좌도 진행하고 분양마케팅 연구소도 운영하면서 코칭을 해줬지만, 수많은 분양인들을 대하기에는 한계가 있었다.

　그 대안으로 책을 통해 분양 블로그광고의 허와 실, 고소득을 위한 핵심 노하우등을 알려 주고자 집필을 시작한 것이다. 자본주의 사회는 똑같은 일을 하면서도 빈부의 격차가 발생한다. '빈(貧)'이란 단순히 생활고까지 가는 가난을 말하지 않는다. 상대적 빈곤이 더욱 박탈감을 가져다준다. 돈을 많이 버는 사람과 그렇지 못한 사람의 차이는 바로 영업 방식 때문이다. 사기를 치지 않는 한 영업 방식을 개선하지 않으면 빈곤에서 벗어날 수 없다. 분양상담사와 관련 분양인들이 많은 소득을 가져갈 길이 없을까? 그 길은 영업 방식을 바꾸는 것으로 찾을 수 있다.

　이 책은 새로운 방식의 분양영업을 통해 고소득을 가져다주는 길을 잡아준다. 나 역시 예전 방법으로 영업을 하였을 때, 거의 일 년간 소득이 없다가 새로운 방식을 접목한 결과, 이제는 사이드로만 월 오천만 원의 수익을 내고 있다. 단순히 방식 하나만 바꿨는데 말이다. 방식을 바꾼다는 것은 일하는 도구를 바꾸는 것이다. 단단히 굳은 땅을 삽으로 수십 번에 걸쳐 팔 것인가? 강력 포클레인으로 단 한 방에 팔 것인가? 나는 당신에게 강력 포클레인을 이용하는 방법을 알려 드리고자 한다.

그것은 바로 블로그를 이용한 분양광고 영업이다. 블로그는 현장에서 뛰는 작업이 아니다. 책상이나 혹은 길거리에서 스마트폰으로도 가능하다. 블로그 분양 방법에 대해 알려 주는 책은 아마 본서가 최초가 아닐까 생각한다. 나는 이 방법을 통해 분양영업의 혁신을 이뤘다. 인터넷과 블로그에 어두운 분들은 난감해 할 수도 있다. 분양판에는 젊은 영업인도 있지만 사오십 대 분들이 더 많다고 볼 때 이런 기술은 낯설 것이다. 그러나 다시 한 번 생각해 보자. 당신이 만약 분양상담사로서 끝을 보고 싶다면 반드시 지나쳐야 되는 관문이 온라인광고 영역이다.

이 책은 분양 블로그광고에 대해 전혀 모르는 사람은 물론 광고대행사를 운영하는 실전고수들까지도 부담 없이 읽어 내려갈 수 있도록 서술하였다. 블로그광고는 책에 담을 수 없을 만큼 그 기술이 방대하다. 그 마케팅 기술은 나의 교육커리큘럼을 참조하길 추천한다. 지금 이 순간에도 자신의 신념을 지키며 직업의식을 가지려고 노력하는 전국의 분양상담사분들에게 경의를 표한다.

Part. 1

제1장

불교란

Part.1
블로그시대

1. 평범한 분양 사원이 **일 년 매출 60억을** 일궈낸 비결

BLOG MARKETING

1-1 계약왕은 블로그 마케팅 하는 사람이었다 ▼

　나는 현재 분양 마케팅 연구소의 소장으로 있다. 온라인 통합 솔루션 '아이엔지'라는 광고회사 대표를 하면서 단 2~3년 만에 60억 매출 신화를 만들었다.

　점심 값을 걱정하고 자동차 기름 넣는 것을 신경 써야 했던 평범한 분양 사원이 월 매출 60억을 달성할 수 있었던 요인은 무엇이었을까? 불과 딱 1년 전만 하더라도 나도 여러분과 마찬가지로 전쟁 같은 분양현장에서 아등바등하던 분양상담사였다. 나의 매출은 블로그를 만난 후부터 날개를 달았다. 이것이 아니었더라면 지금도 이곳저곳 분양판을 떠도는 평범한 사원에 불과했을 것이다.

　거슬러 올라가 4년 전 2014년에 나는 처음 분양판에 뛰어들었다. 어린 나이에 시작한 사업을 말아먹고 철없는 마음으로 분양판에 처음 입문한 아무것도 모르는 초보자였을 뿐이다. 당시 현장에 들어가 아무것도 모르는 상태에서 팀장한테 배운 첫 영업 방식은 전단지 배포와 현수막 거치였다. 하지만 이러한 방식으로는 노련한 선배님들의 속도를 따라갈 수 없었다. 상담 스킬 또한 미비하여 계약창출이 힘들었다.

그때 유난히 정적인 팀장님을 한 분 만났다. 남들처럼 밖에 나가지도 않고 모델하우스에 앉아서 컴퓨터로 무언가를 하시던 분인데, 워킹을 기다리다 보면 지명은 항상 그 팀이었다. 당시에는 블로그에 광고를 하는 것을 알고 있는 사람도 없었을 뿐더러 알려 주는 사람도 없었다. 그분과 한 번도 대화를 나눠보지 못하고 계약서 하나 못쓴 채 다음 현장에 들어갔던 기억이 있다.

이제 와서 생각해 보면 그 팀장은 블로그로만 계약을 했던 것 같다. 그렇게 6개월을 손가락 빨다시피 하며 고생하다 보니 동료도 생기고 알려 주려는 사람도 생기게 되었다. 살아생전 알 일이 없다고 생각했던 블로그에 대한 개념을 그 계기로 처음 접하게 된 것이다. 블로그 작업을 하는 팀원이 내 계약을 빼앗아 가는 것을 눈뜨고 보면서 배운, 하늘이 주신 기회였다.

분양판의 특성상 조직이 투입되고 광고가 시작되면 입구에서 지명을 누구를 찾느냐가 참 중요하다. 현수막을 보고 전화로 3일간 상담했던 고객이 모델하우스 위치가 헷갈려 핸드폰으로 검색을 했다 한다. 그때 블로그에 있는 전화를 보고 위치를 물어본다는 것이 그 블로그 작업을 하는 팀원이 받았다. 결국 그 고객은 블로그 팀원에게 계약을 해버리고 말았다.

그 사건을 발단으로 블로그의 중요성을 깨닫게 되었다. 그때부터 기초적인 블로그 기술을 배우기 시작했다. 당시 나의 각오와 다짐은 블로그를 통한 분양판 정복이었다. 블로그와 고객관리의 중요성을 절실히 느끼면서 나의 블로그 정복기는 시작된다.

지금 이 순간도 당신은 눈뜨고 고객을 빼앗기고 있을 수 있다. 재주는 곰이 넘고 돈은 사람이 챙긴다는 말이 있다. 책상머리에서 아무 소리 없이 노트북 자판을 두들기는 팀원, 팀장이 분양판을 싹쓸이 한다! 포상금만 해도 천만 원 이상 타 간다.

　아침부터 저녁까지 발에 땀이 나도록 돌방(돌아다니며 방문)하는 고전적 방식 사원은 그야말로 고전을 하고 있다. 사실 나도 그랬었다. 무조건 뛰면 되는 줄 알았다. 그러나 어떤 계기를 통해 나의 분양영업은 완전히 판을 갈았다. 그 덕에 예전 상사인 팀장처럼 분양왕이 되었다. 아니 오히려 그보다 열배, 스무 배의 성장을 가져왔다. 그 이유는 무엇인가? 1차원적 영업 방식을 버리고 똑똑한 고객을 부르는 2, 3차원적 영업 방식을 택했기 때문이다. 이것이 블로그 분양영업이다.

1-2 월수입 5,000만 원 이렇게 이뤘다! ▼

적은 멀리 있지 않았다. 바로 팀원이 적이었다. 당시 나는 할 수 있는 노력은 모두 했다. 먼저 누구보다 일찍 출근했다. 전단지 돌리는 것, 현수막 거는 것도 정말 발에 땀나도록 뛰었다. 회사 임직원은 물론 현장 사원들이 감동을 먹을 정도로 열심을 부렸다. 어떤 일에 꽂히면 좌우 돌아보지 않고 집중하는 내 기질 탓도 있었지만 성공에 대한 열망이 강렬했기 때문이다.

분양판! 이제는 블로그의 시대다

나의 아버지는 광부 출신이다. 매캐한 분진을 먹으며 평생을 살아 오셨다. 나중에 관리직으로 승진을 하셨지만 자녀들에게 전형적 흙수저를 물려 준 부모님 중 한분이시다. 집안으로부터 바랄 것이 없었던 나는 스스로 뛰어야 함을 일찌감치 깨달았다.

군대 가기 전부터 홀로 서기 위해 여러 방면으로 애를 썼다. 제대 후 이것저것 하면서 노력을 했다. 그러던 중 원치 않게 감당하기 힘든 빚을 지게 되었다. 빚을 갚기 위해서는 큰돈이 필요했다. 아무 기술도 없었던 내게 돈을 벌 수 있는 길은 영업뿐이었다. 영업판에서는 특별한 영업 아니고서야 어떤 자든 환영을 한다. 처음 보험 영업을 시작했다. 하지만 나이가 어린 탓에 어려움이 많았다. 그래서 시작 한 것이 분양영업이었다.

그렇게 6개월을 죽자 살자 뛰었다. 그동안 수많은 사람들은 버티지 못하고 다른 현장으로 가거나 퇴사를 했다. 현장은 날마다 새로운 사원들로 채워졌다. 나는 어느덧 고참 사원이 되어 갔지만 계약을 끊지 못하는 면목 없는 사원이었을 뿐이다. 그럴 즈음 6개월 차 드디어 계약을 눈앞에 두고 있었다. 그런데 팀원이 그것을 가로 챈 것이다. 방문하기로 한 고객과 많은 통화를 했다. 고객은 직장 때문에 주말에나 나올 수 있다고 했다. 약속을 하고 기다렸다. 첫 계약이면서 확실한 고객이라 시간이 다가오자 가슴이 쿵쾅거려 왔다.

그런데 결론은 다른 팀원에게 계약을 했다. 원래 분양판이라는 곳이 최종 선택은 고객이 지명한 사원이다. 아무리 그렇다 해도 그 고객이나 내 손님을 가로챈 옆 팀원이나 비윤리적이었다. 뻔히 알면서도 서로 뭔가 거래를 한 듯싶었다. 그렇게 된 단초는 결국 블로그 때문이다.

고객이 찾아오다 장소를 정확히 알기 위해 인터넷 검색 한 결과 그 팀원의 블로그를 본 것이다. 그것을 놓칠세라 팀원은 대화를 하면서 낚시질을 한 것이다. 복마전이 따로 없었다. 나는 심각한 정신적 충격

을 받았다. 바로 엊그제만 해도 잘 해보자고 소주잔을 기울이며 파이팅을 외치던 팀원이 안면 몰수를 했기 때문이다. 돈 앞에서는 의리도 체면도 없었다. 팀장은 위로한다고 저녁을 샀다. 그러면서 하는 말이 "이게 말이야! 분양판이라는 것이

약육강식(弱肉强食), 적자생존(適者生存)의 세계다 보니 결국 살아남는자가 이기는 전쟁판이라! 이것을 인지하지 못하면 절대 분양판에서 성공하지 못해! 생리가 그런 것 어떻하니? 그러려니 하고 넘겨야지! 그렇게 넘어가다보면 자신에게도 언젠가 기회가 오게 마련이야! 한번 계약을 쓰면 그때부터는 언제 그랬느냐는 듯이 옛 고통이 싹 지워지지!"

이 말이 위로인지 교육인지 모르겠다. 내겐 전혀 위로가 되지 않았다. 오직 기억되는 팀장의 한마디만 맴돌았다.

"살아남는 자가 강한자다!"

'그래 살아남자! 살아남아서 모든 이가 부러워하는 강자로 우뚝 서자!'

복마전
마귀가 숨어 있는 전각이라는 뜻으로, 나쁜 일이나 음모가 끊임없이 행해지고 있는 악의 근거지라는 말. 수호지에서 나온 이야기다. 〈네이버 지식 백과〉

그런 계기로 나는 더 강해졌다. 평소 말수가 없었지만 더 침묵을 지키고 행동으로 앞서갔다. 24시간 어떻게하면 계약을 할 것인가만 몰두했다. 그래서 시작한 것이 가장 계약을 많이 쓴 사람을 주의 깊게 살펴보고 연구하는 것이었다. 첫 번째는 내게 속한 제1팀 팀장이다. 그는 현장의 반 이상 계약을 따냈다. 원래 분양판에서는 팀장이 단독 계약을 하지 못하게 되어 있다. 그 계약은 팀원에게 N/1로 돌아가게 하는 것이 암묵적인 룰이었다. 팀장은 팀원 관리와 브리핑만 신경써야 한다. 그런데 그 팀장은 단독 계약을 주장했다. 팀장도 계약할 수 있는 현장만 찾아 다녔다.

두 번째는 3팀이 계약을 많이 했다. 언뜻 보기에 나이답지 않게 날씬하고 볼륨감 있는 여자 팀장인 최 팀장은 분양사무실의 꽃이었다. 그녀의 살인 미소는 뭇 남성들을 녹이기에 충분했다. 미녀에다 계약까지 많이 쓰니 단연 돋보일 수밖에 없었다. 나는 유심히 두 팀장을 주시하면서 연구하기 시작했다. 1팀장은 평상시 말이 없이 노트북만 보며 무엇인가 열심히 하고 있었다. 잠깐 말을 시켜도 바쁜 일이 아니면 조금 있다 보자며 인터넷에 빠져 있었다. 그런 모습에 사원들은 못마땅해 했다. 뭘 하는지 인터넷 검색에만 몰두하는 그가 일반인 눈에는 좋아 보이지 않았기 때문이다. 하지만 말을 할 수는 없었다. 단연 계약 선두자이기 때문이다. 당시 일반적인 검색 수준의 컴퓨터 초보자였던 나는 그의 컴퓨터 활용에 대해 무엇인지 감조차 못잡았다. 얼마 지나지 않아 같은 동료와 술자리를 하면서 내용을 알게 되었다. 1팀장은 컴퓨터 공학과 출신이며 인터넷과 컴퓨터에 대해서는 고수라는 것이다. 그의 계약 대부분은 인터넷으로 홍보해 떨어진 것이라 했다. 다른 팀장이나 팀원도 따라서 인터넷 작업을 해봤지만 별 소득이 없었다 한다.

그 팀장만의 특별한 노하우가 있다고 했다. 그 말에 나는 팀장의 책상주변을 어슬렁거렸다. 정보를 탐색하기 위함이다. 당시 내 컴퓨터 지식으로는 그가 무엇을 하는지 도통 알 수 없었다.

이어 미녀 제 3팀장의 계약비밀을 곧 알게 되었다. 미녀 3팀장과 본부장은 내연의 관계라 했다. 쉬쉬하면서 모른척 하지만 본부장이 현장을 옮길 때마다 그녀도 따라 다닌다고 했다. 회사에서 신문이나 방송 광고를 내면 그 다음날 많은 전화 문의가 온다. 그때 순번에 따라 팀당 배정을 해준다. 그 것을 본부장이 가로채 3팀장에게 몰아 준다고 했다.

그런 비리로 계약을 많이 하게 된 것이다. 나는 그날부터 인터넷 작업으로 계약을 많이 따낸 팀장을 연구하기 시작했다. 그의 이미지는 차가운 파충류와 같았다. 평소 말이 전혀 없고 표정에 웃음기는 찾아 볼 수 없다. 항상 노트북 화면만 주시하는 사이보그 이미지다. 계약이 크게 떨어져도 흥분하거나 크게 기뻐하지 않는다. 형식상 팀원들에게 뷔페 회식 한 번씩을 쏠 뿐이다. 팀장은 배부르고 팀원은 배고픈 팀이었다.

팀원들이 몇 개월씩 계약을 쓰지 못하고 끙끙 앓아도 전혀 걱정의 미동을 하지 않았다. 그저 자기 일만 열심인 냉혈한이다. 계약을 쓰지 못해 많은 사람들이 팀을 떠나도 흔들리지 않는다. 곧 사원 모집 광고를 내 금방 팀을 채우고 만다. 나는 때를 노렸다. 팀장에게 면담을 요청했다. 좀 값이 나가는 일식집으로 안내했다. 내 형편에서 무리를 해 저녁식사를 대접하고 일본 사케를 따라 주며 팀장에게 다가갔다. 눈치백단인 팀장은 기다렸다는 듯이 잔을 받으며,

"계약이 너무 안 떨어져 힘들지? 나쁜 현장은 아닌데 말야! 분양판에는 이런

말들이 떠돌지! 계약은 운칠기삼이라고 말이야! 그런데 현실은 운구기삼! 즉 운이 아홉이고 노력이 1%인 것이 현실이지! 아직 자네에게는 운이 안 온 것이야! 어떤 팀원은 들어오자

마자 수십억짜리를 계약해 인생 로또 맞은 경우도 있지! 그것이 노력하고는 별개거든! 하지만 내가 말할 수 있는 것은 꾸준히 노력하는 자에게 그런 것도 온다는 것이야! 다만 조금 늦게 오고 빨리오고 차이지!" 아주 진실한 척하면서 대답해 줬다. 가식이 뚝뚝 떨어져 나오는 것을 보고 역겨웠다. 그 비싼 회 맛이 썼다. 나는 결단을 하고 입을 열었다. "팀장님! 계약이 인터넷 문의로 다 이뤄진 것 압니다. 저도 그 방법을 가르쳐 주십시오!"

말이 떨어지자 팀장은 독침을 맞은 사슴처럼 움찔했다. 도둑질을 하다 들킨 놈처럼 멍하고 한 일분을 정지해 있었다. 사케를 한 모금 잘게 잘게 씹어먹으며 그는 한숨을 돌렸다. 그리고 내뱉는 말은 "이런 말이 있지! 한 나라에 두 임금은 설 수 없다고!" 그가 털어 놓는 변명은 일면 합당했다. 계약 왕을 먹은 그의 블로그 영업을 가르쳐 주면 수익의 90%가 날라가 버린다 했다. 자신은 필드에 나가지 않고 책상머리에서 작업만 하기 위해 팀장이 된 것이지 사실 팀원을 통한 수익은 거의 전무하다고 했다. 한 현장에서 거의 반 이상을 계약 하는 자기만의 방식을 다른 사람에게 가르쳐 준다면 제살 깎아 먹는 일이므로 어렵다고 했다. 그때 내가 제안을 했다. 인간적 하소연을 하면서 부탁을 한 것이다.

"팀장님과 함께하는 현장에서는 절대 블로그 영업 인터넷 홍보는 하지 않겠습니다. 다른 현장에서만 써먹을 것이니 저 좀 살려 주십시오! 6개월 째 손만 빨고 있습니다." 팀장은 '후우'한숨을 몰아 내쉬었다. 마치 스파이 가 마지막 미션진행 중 발각한 상황과 같았다.

"알았다! 내가 너니까 가르쳐 주는 것이다! 사실 네게 무척 미안한 감은

운칠기삼[運七技三]
사람이 살아가면서 일어나는 모든 일의 성패는 운에 달려 있는 것이지
노력에 달려 있는 것이 아니라는 말.

가지고 있었거든! 지난 6개월간 개근하면서 팀에 활기를 불어넣어 준 덕에 회사측에 팀 명분도 세워 줬으니 말야."

회사는 팀장을 주시 할 때 어떻게 팀원을 관리하는가를 본다. 팀원이 자주 바뀌면 좋아하지 않는다. 오래도록 남아 준 내게 감사할 이유가 바로 그 것이다.

다음날 팀장은 내게 기본적인 블로그 작업에 대해 가르쳐 줬다. 나중에 안 것이지만 다른 분양판에서도 젊은 팀장이나 팀원들이 블로그 홍보작업을 많이 했었다. 하지만 계약으로 이어지는 경우는 드물었다. 그 노하우는 아는 사람만 아는 것이다. 팀장은 깊은 내공이 있는 노하우는 공개 하지 않았다. 척 보면 그가 가르쳐 주는 수준을 알았다.

일반 블로그 작업 수준만 가르쳐 준 것이다. 중요한 것은 이것을 단초로 블로그라는 통로를 통해 새로운 분양영업을 할수 있다는 것에 의미를 뒀다. 나는 그날부터 블로그에 대한 공부를 집중했다. 도서관에 가서 관련 서적을 수십 권 살펴봤다. 인터넷을 통해 동영상 강의도 달달 외다시피 반복해 들었다. 그리고 인터넷에 올라온 블로그 분양 홍보 글을 연구하기 시작했다. 어떤 방식으로 글을 쓰고 사진의 배치 핵심 키워드 등을 살폈다. 하루살이처럼 일비만으로 버티기 힘들었지만 "나도 분명 1팀장처럼 분양 현장판을 정복하리라!" 하는 마음으로 집중을 했다. 아다시피 분양 사원은 회사 책상머리에 앉아 있으면 안된다. 필드에서 승부를 봐야 한다는 것이 그 판의 정석이다. 부지런히 전단지를 돌리고 현수막을 걸며 뛰어 다닐 때 문의 전화가 온다. 정말 가끔씩 전화가 왔다. 돌방(돌아 다니면서 영업)은 어느 정도 효과가 있다.

전화문의를 해온 고객과 만남을 약속했다. 그런데 변수가 생긴 것이다. 계약은 다른 사람과 한 것이다. 미칠 노릇이었다. 그 사람은 다름 아닌 블로그 영업을 했던 같은 팀원이다. 고객은 찾아 오다 길을 검색하는 중 그 팀원의 블로그에 나온 전화를 보고 그에게 길을 물었다. 길목을 지키고 있는 굶주린 하이에나가 먹이를 가로채듯 가만 둘리가 없었다. 이런 상황을 알고 난 후 상실감은 말할수 없었다.

나는 블로그 고객을 끌기 위해 연구하고 몰두를 했다. 어떤 일단 무작정 검색을 했지만 상위 노출이 되지 않았다. 여러군데 물어도 봤지만 밤낮없이 올렸다. 두세달을 그렇게 노력했더니 어느 순간부터는 노출이 되기 시작했다. 물론, 지금은 그렇게 되지 않지만 그때 당시 내게는 정말 그마저 가뭄에 단비 같은 존재였다.

그렇게 버티면서 연구하고 홍보한지 6개월 후부터 계약이 슬슬 나오기 시작했다. 분양판 입문 18개월차 2년이 안된 시점에서 한 현장에 30개의 계약을 쏟아냈다. 나도 놀라고 다른사람도 놀란 분양 신화를 이룬 것이다.

단초
무슨 일을 시작할 때 원인과 동기가 되는 첫머리를 말한다.

그런 나 자신에게 칭찬을 해주고 싶었다. "참아 줘서 고마워! 인내하고 노력 해줘서 너무 좋아!" 스스로 대견해 했다.

분양 현장에서는 가끔 퍼포먼스를 한다. 사원들을 독려하기 위해 현금다발로 리베이트를 지불하는 행사다. 나는 수천만 원이나 되는 돈다발을 많은 이의 박수를 받으며 품에 안았다. 그동안 고생이 한순간 씻어져 내려감을 느낀다. 분양판을 떠나지 않는 사람들은 이 맛 때문이라 한다. 고생한 보람이 두둑한 돈다발로 보상받는 것! 대다수는 그 기쁨에 참여하지 못한다. 박수만 치고 밥 한 끼 얻어 먹는 엑스트라도 끝난다. 심지어 1등을 하게 되면 독려가 다른 분양상담사들에게 교육을 요청하는 경우가 간혹 있다. 그럴 때마다 나는 축하를 받으면서 슬픔의 눈빛들을 많이 봤다. 박수를 치는 대다수 사원들의 눈빛들이다. 이때 문득 생각이 났다. "나처럼 아무것도 모르고 고생한 사람들, 또 이 자리에서 슬픔의 눈빛으로 남의 성공에 박수치는 사람들을 위해 내가 무엇인가 할 일이 있을 것이다."

이런 이타적인 마음이 들었다. 그것은 바로 돈 버는 교육을 시켜 주는 것이다. 나는 어려서부터 항상 이타적인 교육을 받았다. 부모님은 나를 위해 희생하시고 한마디 아픈 기색을 내지 않으셨다. 그리고 항상 "남을 위해 살아라! 그게 인생 성공방법이다!"라고 말씀하셨다. 당시에는 그것이 무슨 뜻인지 잘 몰랐다. 짧은 인생 살아오면서 남의 가슴에 못 박는 일은 하지 말아야겠다고 마음은 먹었다. 얼마 전 잘 아는 작가로부터 송곳 같은 질문을 하나 받았다.

"대표님은 젊은 나이에 엄청난 부를 이루셨는데 매달 그렇게 큰돈을 벌어 무엇에 쓰십니까? 젊으면 놀러 갈 일도 많고 좋은 차. 술, 여자 등 즐길 수 있는 많은 것들이 대기하고 있을 터인데 말이죠. 내가 아는 부동산 업자는 하루 술값으로 2,500만 원도 썼다고 자랑하는 것을 들었습니다!" 공격하듯이 질문을 했다. 그때 내가 대답한 것이 생각난다.

"저는 돈의 대부분을 나를 위한 것이 아닌 다른 사람을 위해 씁니다. 꼭 어떤 사람에게 직접 돈을 주기보다는 그 사람이 클 수 있도록 환경을 만들어 주는 것이죠. 지금은 작은 규모의 회사를 하나 운영하고 있습니다만 15명의 식구들에게 일을 잘하고 성공할 수 있는 시스템을 만들어 주죠. 그게 다 돈이 들어가는 일입니다. 직원 복지부터 시작해 자기계발을 위한 교육비 지출 이런 것들을 살피다 보면 오히려 돈이 부족합니다." 작가는 그 말을 듣고 고개를 끄덕였다. 성공한 신흥 재벌의 공통점은 이타적인 마인드라 했다. 그런 마인드를 특별히 교육 받지는 않았다. 부모로부터 온 유전자 탓도 있을 것이고 자라 온 환경탓이기도 하겠다. 하여튼 젊은 나이에 남들이 흔히 말하는 작은 성공이라는 것을 빨리 맛봤다. 년 매출 60억! 순수익 월 1억! 이 정도면 삼십 대 초반의 내게는 과분한 것이다. 나는 이런 말을 기억한다. "작은 돈은 내 것이지만 큰 돈은 내 것이 아니다!" 잠시 내게 맡겨준 것 뿐이다. 이것을 잘못 사용하면 패가 망신하고 죽음으로 이어진다. 내 것이 아닌 돈은 나를 위해 쓰면 안 된다. 남을 위해 써야 한다. 운 좋게 블로그라는 것을 알아 큰 돈을 만지게 되었다. 이것이 불과 2년만에 이룬 것이다. 지난 영광보다 앞으로 다가올 것이 엄청나다고 본다. 남을 위해 쓴다고 생각하니 남들이 모였다.

우리 회사는 수직 관계가 아닌 수평 관계를 이루고 있다. 형식상 직책은 있지만 자유롭고 창의적이다. 회사에 들어오면 제일 먼저 눈에 띄는 것이 있다. 키보드와 전자기타다. 직원 중 보컬팀을 운영했던 사람이 있다. 그들은 틈만 나면 악기를 만지작거린다. 누가 뭐라 하는 사람도 없다. 또 회사에는 귀여운 푸들 한 마리가 뛰어 다닌다. 회사의 마스코트며 귀요미다. 내가 사랑하는 반려견이다 보니 누가 뭐라지 않지만 모두다 좋아한다. 회사는 즐거운 놀이터지 피 터지는 전장이 아니다. 이런 여유로운 감성을 가지니 사원들은 모두 행복해 한다. 누가 뭐랄 것도 없이 자기 일을 창의적으로 열심히 한다. 나는 이런 것에 투자하고 길을 터주는데 돈을 쓴다. 돈이란 어떤 시스템이 구축되면 들어오게 되어있다. 당신이 돈을 못 버는 이유는 그 시스템의 밖에 있었기 때문이다.

예를 들면 예전 분양판 시스템은 돌아다니며 열심히 뛰는 돌방 시스템이다. 그래서 운이 좋게 걸리면 하나 둘 계약을 한다. 그러나 현재 분양판의 50%, 또는 그 이상이 블로그 영업으로 이뤄진다. 이 판으로 들어오지 않으면 큰 돈을 만질 수 없다. 나는 그 시스템을 제공하고 직원들을 뛰게 한다. 허나 피 터지는 전투방식으로는 금방 피로감을 느낀다.

모든 것은 사람이 한다. 사람이 즐겁고 신나야 지치지 않는다. 예전 수십 년 전 분양판은 방망이를 맞으며 뛰었다 한다. 마치 조직폭력 옛 군대방식으로 말이다. 현실은 말없이 실행하는 자가 강한 자다. 그것이 블로그 영업이다. 이 영업군단을 모집하고 계약으로 이끌어 내기 위해 신나는 판을 만들었을 뿐이다. 내가 당부하고 싶은 두 가지가 있다. '첫째는 블로그 분양판에 입문하라! 둘째는 신나게 일을 하라!'이다.

나는 현재 전국 100개 현장의 블로그광고를 진행하고 있다. 많은 계약이 멈추지 않고 올라 온다. 그 100개 현장을 갈 필요도 없다. 이 모든 것이 책상 앞에서 이뤄진다. 이런 것을 누구에게 가르쳐 준다는 것이 쉽지는 않다. 하지만 많은 분양인들이 행복해지기를 바라면서 블로그 분양 비법을 공개하려 한다. 현재 분마연(분양 마케팅 연구소)란 단체를 설립해 비공식적으로 교육을 해오고 있다. 교육을 받은 사람들은 놀랄만큼 매출과 소득을 가져가고 있다. 그것은 그 사람의 몫이라 본다.

내가 혼자해서 다 먹는다는 것은 소인배의 한계다. 블로그 분양영업을 해오면서 느낀 것은 전국 모든 분양판이 내 것은 아니다라는 것이다. 다 임자가 있다. 나는 그 임자를 찾아 줄 뿐이다. 이 책을 읽는 분양인이 있다면 겁먹지 말기 바란다.

이제 나처럼 몇 개월씩 냉수만 마시며 견디라 하지 않겠다. 누군가 옆에서 도와주는 사람이 있다면 이 세계가 그리 어렵지 않은 곳이라는 것을 금방 알게 된다. 나는 그동안 적잖은 사람들에게 인터넷 광고 기법을 전수해왔다. 짧은 교육기간을 통해 그들은 엄청난 고소득자가 된 사람도 있다. 결국 자신이 할 일이지만 나는 그 통로를 가르쳐 줄 뿐이다. 그러니 도전을 서슴치 않고 시작하라고 싶다.

Part.1
블로그시대

2. 투자 대비 엄청난 소득을 가져다주는 분양 사업

분양영업을 한 사람들 중 평생 이 판을 떠나지 못하는 사람들이 있다. 열 명이 시작하면 아홉 명을 떠나는, 이직률이 가장 높은 곳이 분양 직업이다. 그러나 한번 맛을 들이면 절대 떠나지 못한다. 왜냐? 투자 대비 소득이 너무 높기 때문이다. 한번 계약을 하면 수백 만 원에서 수천만 원 혹은 수억에 이른다. 작은 금액은 계약 확률이 높아 매력 있고 높은 금액은 확률은 낮지만 한번 성사되면 일 년의 고생을 보상받아 매력이 있다. 단, 꾸준히 계약이 나올 수 있는 내공이 쌓여야 한다.

내가 아는 어떤 분이 있다. 나이가 육십이 가까운 분인데 매달 기본적으로 천 만 원은 번다. 전국 현장을 돌아다니며 뛴다. 그분은 블로그도 모르고 거의 컴맹이다. 전형적인 돌방 영업인이다. 그래도 기본 수익은 항상 천 만 원 이상이다. 왜냐? 그 나름대로 내공을 쌓았기 때문이다. 돌방 영업인의 대부분은 자기만의 투자고객의 리스트를 가지고 있다. 그 고객만 확보해도 기본수익이 된다. 좋은 현장이 나오면 즉시 고객에게 연락을 한다. 투자 고객은 돈이 된다 하면 전국 어디라도 달려온다.

이 분양 사원은 무엇을 투자했을까? 첫째는 꾸준함이다. 안 된다고 퇴사를 한다든지 하지 않았다. 버티면서 내공을 쌓은 것이다. 둘째 고객에 대한 관리를 했다. 그것이 돈을 지속적으로 벌어 주는 역할을 한 것이다. 시간과 관리만 잘하면 기본 수익은 얻는다. 허나 지금 말하고자 하는 것은 이 정도가 아니다. 이제 여러분이 투자해야 할 곳은 바로 인터넷 블로그라는 공간이다.

2-1 이렇게 투자하면 월 소득 5,000을 이룬다! ▼

　분양업을 시작하면서 고소득을 바라는 당신이라면 먼저 마인드를 바꾸길 권한다. 평범한 사원은 하는 방법도 평범하다. 시간이 지나고 하루 어떻게 보내면 되는 줄 알고 있다.

　운칠기삼! 운에 기대한다. 월소득 5,000은 운도 아니고 또 열심히 발품 팔았다 해도 되는 것이 아니다. 그것에 맞는 집중과 투자가 있어야 한다. 집중이란 여태까지 하던 방식을 바꿔 돈 버는 방식에 집중하라는 것이고, 투자는 발품투자에서 블로그영업에 대한 투자를 직접 해야 한다는 것이다.

　이 글을 읽는 독자중 블로그와 온라인 마케팅에 관해 아는 사람이 얼마나 있는지 모르겠다. 보편적으로 볼 때 분양판 사원들은 그렇게 트렌드에 민감한 사람들이 아니다. 분양판에 흘러 들어온 사람들 대부분은 자기가 하던 사업이 망했거나 명퇴자, 알바 대학생, 주부 등, 다양하지만 실제적 분양전문가는 드물다. 분양으로 돈을 벌고자 하면 몇 가지 구성이 되어야 한다.

첫째 고객을 무조건 모델하우스로 끌어와야 한다. 얼마 전 무척 추운 날씨였다. 길을 바삐 걸어가는데 늙수그레한 아줌마 두 사람이 나를 붙잡고 늘어졌다. "한번만 봐주소!" 말인즉 모델하우스 들어가 브리핑 한번 들어달라는 것이다. 당직일 때 팀장은 팀원들에게 지시를 한다 무조건 고객을 끌고 오라고. 무슨 술집 호객행위도 아니고 결코 바람직한 법은 아니다. 하지만 그것을 고수하는 이유는 다른 방법이 없기 때문이다. 고객을 방문시키면 팀장의 브리핑에 따라 계약의 성패가 좌우된다.

팀장을 잘 만난 팀원은 주머니가 두둑해진다. 그러나 생각처럼 인연을 닿기가 쉽지는 않다. 고객을 부르고 브리핑이 잘 되면 최상이다. 이것이 쉽지 않다. 고객도 스스로 찾아오는 고객이 있고 강요에 의해 체면상 오는 고객이 있다. 이 차이에 따라 계약률은 많이 달라진다. 계약의 요점은 스스로 찾아오는 고객을 많이 확보함이 고소득의 요건이다. 고객을 찾아가는 영업이 옛날 방식이라면 고객이 찾아오게 하는 방식이 최신 방식이다. 이 방식에 당신은 집중하고 투자를 해야 한다.

그동안 전통적 방식은 찾아가고 뿌리고 끌어 당겼다. 새 방식은 스스로 찾아오게 하는 방법이다. 이 방식이 잘 되면 다른 것은 별 흥미를 느끼지 못한다. 왜냐? 가성비가 타의 추종을 불허하기 때문이다. 당신의 마인드만 바꾸면 고소득은 올 수 밖에 없다. 옛 분양방식에서 블로그 분양 방식으로 전환하겠다는 마음을 바꾸는 것으로 당신의 고소득은 시작된다.

그렇다면 어떤 투자부터 시작해야 할까? 당신은 하루아침에 블로그 고수가 될 수 없다. 그렇다고 블로그 고수에게 부탁해 광고를 의뢰한다면 그

값은 월 수백 수천만 원을 지불해야 한다. 물론 그에 대한 효과는 확실히 있다. 다만 당신이 투자할 돈이 없을 뿐이다. 입장을 바꿔서 생각해 보자! 당신이 블로그광고를 해서 편하게 수천만 원 버는데 팀 동료가 좀 가르쳐 달라면 가르쳐 주겠는가?

나는 예전에 블로그로 떼돈을 벌었던 팀장을 이해한다. 어떤 사람도 노하우를 가르쳐 주지 않을 것이다. 블로그라는 것이 인터넷 환경에서 이뤄진다. 대부분의 분양 사원들은 인터넷 마케팅에 대해 무지하다. 사십대가 넘으면 명예퇴직이란 공포가 다가온다. 그 이유는 딱 한가지다. 회사에서 필요없기 때문이다. 나이가 60, 70이 넘어도 당신이 꼭 필요한 사람이라면 회사에서는 놓아주지 않는다. 그런데 왜 호시탐탐 명예퇴직자들을 만들려고 할까? 그것은 회사에서 요구하는 사원이 아니기 때문이다.

현재 트렌드에서 벗어난 구식적 방법으로 고집하는 사원은 퇴출이 된다. 분양업도 마찬가지다. 옛 방식만 고집하면 남 좋은 일만 시킨다. 백종원이란 유명 요리 연구가를 알 것이다. 그가 진행하는 TV프로그램을 본 적이 있다. 〈푸드 트럭〉이라는 프로그램이다. 강남역 앞에 쭉 늘어선 푸드 트럭들이 있다. 파리 날리는 그들을 교육시켜 대박을 터트리게 하는 컨셉이다.

거기서 핫도그를 수년째 팔아왔던 육십이 넘은 노익장이 있었다. 파리만 날리다 백종원 세프의 코치를 받아 대박을 터트렸다. 일찌감치 재료가 바닥나 더 이상 장사를 할 수 없을 정도로 핫도그가 동이 났다. 그 노익장은 다 판 뒤, 감격의 눈물을 하염없이 흘렸다. 당일 동이 나서 그런 것이 아니다. 방송국에서는 프로그램을 위해 여러 가지 이벤트도 하고 고객들을 몰아줬다. 그 힘에 동이 났지만 그가 운 사연은 그것만이 아니다. 자신이 고집하던 예전 방식을 버리고 성공할 수 밖에 없는 방식을 알았다는 것이다. 단 한 번의 매진이 눈물을 불러 일으킨 것이 아니다. 앞으로 이어질 꽃 길에 대한 믿음 때문에 감격을 한 것이다.

그가 투자한 것은 무엇인가? 첫째 백종원 세프의 칼같은 지적을 받아 내야 했다. 자존심 차원이 아니다. 두 번째 최소한 핫도그를 만들기 위한 자기 재료는 준비하는 것이다. 그리고 열심히 하라는 대로 따라 하는 것이다. 이처럼 당신이 버리고 투자해야할 것은 세 가지가 있다.

첫째, 블로그 분양작업을 하기 위한 최소한의 재료비는 준비해야 한다. 이 세상 어느 누구도 당신을 위해 재료도 준비해주고 비법도 가르쳐 주고 이벤트까지 해 주지는 않는다. 대박집 비법 노하우 하나 전수 받으려면 작가는 수백만 원에서 수천만 원 기술 전수비를 줘야 한다.

나는 얼마 전 한 사람을 통해 가슴이 뭉클한 적이 있다. 그는 글을 쓰는 작가였다. 이십 년간 글을 써왔지만 굶주림의 세월을 벗어 날 수 없었다. 그는 더 견딜수 없어 돈을 벌기로 했다. 영업을 배웠고 인터넷 마케팅을 배우기 시작했다. 그의 말로는 일 년 동안 2,500만 원의 빚을 내어 마케팅 교육비에 썼다 한다. 그의 열정은 얼마 후 효과가 나기 시작했다. 그가 쓴 글이 알려지고 책쓰기 강의나 컨설팅을 통해 고액의 컨설팅비를 받게 되었다. 원래 작가란 긴 안목과 통찰력이 있는법이다. 그가 투자해야 할 것을 정확히 안 것이다.

인생이란 "뿌린 만큼 거둔다!" 나는 분양영업인들에게 고한다. 고소득을 원하거든 반드시 투자를 하라고. 어디에 투자할 것인가? 블로그에 투자하라! 당신은 블로그 작업에 시간을 투자해야 하고 블로그로 돈을 번 고수에게 기술을 전수 받아야 한다.

블로그 영업도 예전과 다르다. 타깃이 확실해야 한다. 분양판을 맛집 컨셉으로 하면 별 도움이 안된다. 블로그 판은 그야말로 춘추 전국시대다. 어제 선점했던 자가 오늘은 아래에서 맴돈다. 한 번 꾸며놨다고 해서 영원함을 보장해 주지 않는다.

가장 중요한 것은 흐름에 대한 대처 즉, 순발력이다. 이것을 빨리 따라잡고자 한다면 우선 블로그 기본 기능과 작업을 배운 후, 분양 블로그에 대한 노하우를 접목시켜야 한다. 이렇게 보면 정확하다. 당신이 십만 원 투자하면 백만 원 벌고 백만 원 투자하면 천만 원 번다. 그것이 돈이라는 것으로 환산했지만 당신의 정열과 시간 몰입 모든 것을 말한다. 이제 투자의 집중을 블로그에 맞추자!

BLOG MARKETING

2-2 블로그 분양 고소득은 정확한 목표 설정이 좌우한다 ▼

당신이 수천만 원의 월소득을 바란다면 그에 대한 목표가 확실해야 한다. 막연히 돈 떨어지기를 기다리지 마라. 천이면 천, 오천이면 오천의 숫자까지 설정하라. 그리고 그에 맞게 필요한 실행을 시작한다. 막연한 실행은 막연함 만 가져다 준다. 어떤분과 대화 중 "계약을 몇 개 쓰고 싶습니까?"하자 "무조 건 많이 쓰고 싶습니다!"했다.

나는 "그러면 로또 복권을 사세요!"라고 말한다. 세상에는 무조건이라는 것이 적용되지 않는다. 고소득을 원하면 그에 맞는 실행법, 준비법 등을 배워 야 한다. 고소득은 하룻밤 자고나서 뚝딱 이뤄지지 않는다.

퍼즐과 퍼즐이 합치면 어느 날 티칭 포인트를 접하게 된다. 그때 폭발을 하는 것이다. 큰 목표는 당신이 세운다. 그러나 과정은 전문가의 컨설팅을 받 아야 한다. 그 컨설팅에 대한 비용과 시간 투자가 바로 핫도그 재료비를 준비 하는 것과 같다. 재료를 많이 사면 많이 팔 수 있다.

그에 대한 투자는 당신의 그릇과 경제력에 따라 다르다. 그러나 너무 부담이나 걱정할 필요는 없다. 당신이 투자해야 할 재료비는 그리 많은 비용이 아니다. 다만 인터넷 허위 광고 사기꾼만 안 만나면 말이다. 인간의 욕심은 끝이 없다. 욕심은 실패를 가져다 준다. 실패는 실수에서 이뤄진다. 반복적인 실수는 당신을 포기하게 만들 것이다.

수많은 교육생을 배출하고 마케팅 컨설팅을 해온 나는 여러 군상들을 봐왔다. 돈에 눈이 멀어 고급기술만 탐내는 사람, 시작한 뒤 어렵다고 중간 포기하는 사람, 투자는 하지 않고 거저 먹으려는 얌체 등 군상들이 있다. 이런 자들은 오래 못간다. 결국 성공하는 자는 자기 직업을 소중히 여기는 사람이다. 평생 업이라 생각하고 한탕주의가 아닌 연구하고 공부하는 사람에게는 못 당한다. 나 역시 그런 사람 중의 하나다.

혼자 가는 길이 힘들고 어두운 터널을 지가나는 외로움이 있었다. 그러나 멈추지 않고 계속 가다보니 밝은 광명 천지를 맞이했다. 정확한 목표란 원하는 소득에 대한 목표, 그것을 실행할 수 있는 시간확보, 투자할 수 있는 돈의 확보 등이 확실해야 한다. 혼자서 하자면 그것에 대한 감이 오지 않는다. 막연하다. 그래서 전문가의 컨설팅이 필요하다는 것이다. 이 글을 읽는 대부분의 분양인들은 블로그 영업의 초보라 본다.

6개월에서 일 년 이상 시간 투자하며 공부할 여유가 없다. 짧게는 한달 길게는 석달 안에 원하는 바를 창출해야 한다. 그러자면 그것을 위한 정확한 설계를 해줄 전문가의 코칭을 받길 바란다. 그 길이 오히려 가성비가 높고 확실하다. 혼자 시작하고 열정만 가지면 많은 낭비가 있음을 알아야 한다.

Part. 2

제2장

40일 만에 33채 계약한 비법

실전비법

Part.2
실전비법

1. 블로그 분양영업

분명히 말하고 싶은 것은 계약은 열정과 비례하지 않는다는 사실이다. 정말 열심히 뛰었을 때는 계약이 나오지 않았다. 보통 대행사 사장이나 본부장, 팀장은 열심을 강조한다. 예전 어떤 대행사 사장은 자기 성공스토리를 장황하게 늘어 놨는데, 열정과 땀에 대해 초점을 맞췄다. 전단지를 자비로 제작해 지하철에서 쉬지 않고 뿌렸다 한다. 그 결과 수많은 계약을 이뤘다고 자랑을 했다. 그런 고전적 방법이 가끔 먹힐 때도 있다. 허나 나처럼 단 시간에 수십 개의 계약은 거의 불가능하다. 나는 여러분께 두세 가지 분양에 대한 노하우를 알려 주고 싶어 이 책을 썼다.

첫째 가성비다. 노력한 만큼 얻어지는 것이 아니라 최소의 노력으로 최대의 성과를 거두는 것이다. 둘째 시간이다. 역시 가성비에 속하겠지만 시간은 돈과 같다. 시간을 낭비하면 돈낭비를 한다. 분양도 그렇다. 분양의 시간은 나를 기다려 주지 않는다. 분양이 잘 되는 기간이 있다. 그 기간이 지나면 지속적 계약은 끝이다.

안 팔리는 상품을 헐값이나 이벤트를 통해 처분을 하려 다. 이런 상품은 팔려도 나중에 문제를 일으킨다. 가장 좋은 상품이란 제때에 잘 팔리는 상품이다.

그렇다면 내가 단 40일 만에 서른 세채의 계약을 이룬 쾌거는 어디에서 나왔는가? 바로 블로그 분양영업이다. 블로그 영업은 엄청난 가성비를 가져다 준다. 시간을 절약하고 경비를 줄여 준다. 내가 서른 세채를 통해 단 40일 만에 번 돈은 거의 6,000만 원에 달한다. 하지만 투자한 경비는 150만 원에 불과하다. 여기서 150만 원 투자에 대해 거부감을 갖는 사람이 있다면 블로그 영업을 시작하지 마라!'고 하고 싶다.

블로그 영업은 반드시 기본 투자금이 필요하다. 당신이 블로그 고수가 아닌 다음에야 말이다. 블로그 고수가 되기 위해서는 수많은 시간과 돈 투자를 필요로 한다. 분양상담사들이 그렇게 해서 블로그 고수가 되려고 노력할 필요는 없다. 고수들의 손을 잠깐 빌리기만 하면 되기 때문이다. 단 기간 내 수십 채 계약을 쓰고 싶다면 블로그 영업밖에 없다. 기존 분양영업에 대한 패러다임이 바뀌지 않는 한 당신은 이 분양 신화를 맛보기 힘들 것이다.

1-1 수십 채 계약이 이뤄지는 블로그 영업방법은 바로 이것이다

모든 현장이 다 블로그광고를 했다고 콜이 뜨는 것 아니다. 요즘 페이스북 광고가 뜨고 있다. 페이스북이 뜨는 이유는 타깃 영업이기 때문이다.

예를 들면 의사를 대상으로 영업을 하는 의료기기 업자가 있다 하자. 그가 무작위로 광고를 한다면 실 수요자인 의사에게 도달하기까지는 시간이 많이 걸린다. 페이스북 광고는 실 수요자인 의사를 찾아 준다. 의사 중에서 내과 의사, 성형 외과 의사 등 분야를 또 나눈다. 서울 강남이 있고 대전 둔산동이 있으면 각 지역으로 좁혀 준다. 반경 1km 혹은 5km등 거리까지 조정해 준다. 이런 타깃 광고는 즉시 효과로 이어진다.

블로그광고도 마찬가지다. 타깃을 정확히 하고 좁혀야 계약건수가 높아진 다. 분양상담사들이 들어가는 현장은 종류가 다양하다. 분양상담사들이 들어가는 현장은 종류가 광장히 많다. 아파트를 비롯해서, 수익형 부동산인 오피스텔, 수익형상가, 그리고 레지던스 호텔, 빌라, 아파트형 공장 등등 언급하지 못한 많은 수많은 종류가 있다.

어떤 분양상담사는 블로그광고를 해봤는데 효과가 없다고 불만을 표했다. 어떤 상품이냐고 물었더니 금액이 큰 상가와 토지라고 했다. 효과가 없는 것이 아니라 건수가 많이 나오지 않는 특성일 뿐이다. 어떤 상품이던 효과가 없는 블로그광고는 없다. 얼마나 충실한 내용을 담고 있는가? 전문가의 손을 통해 제대로 타깃 영업을 했는가에 따라 다를 뿐이다. 내가 말하는 대박 현장을 찾는다면 '아파트' 현장을 타깃으로 하라.

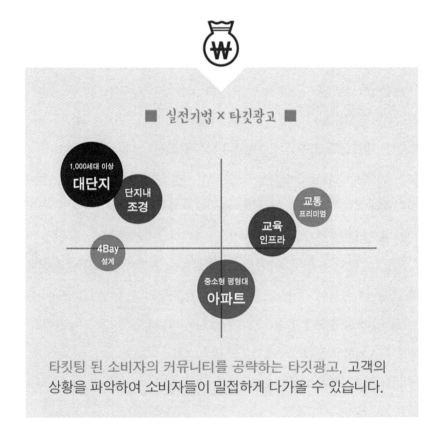

타깃팅 된 소비자의 커뮤니티를 공략하는 타깃광고, 고객의 상황을 파악하여 소비자들이 밀접하게 다가올 수 있습니다.

1-2 왜 아파트 현장 계약이 많이 나오나? ▼

계약이 많이 나오는 데는 다 이유가 있다. 통계를 확인해 보면 12개월 동안 100채 이상의 계약이 나왔다. 그것도 사이드 계약이다. 아파트 계약이 모든 현장 계약의 70%를 차지한다. 왜 아파트 현장일까?

첫째는 현장의 입소문 때문이다. 현장 입소문은 인터넷 검색을 불러오고 노출 빈도를 올린다. 당연히 검색량이 높아진다. 이런 순환 구조 속에서 아파트에 대한 블로그 계약은 높아질 수 밖에 없다.

아파트라는 상품의 특성은 투자자와 실수요자가 가장 많은 상품이다. 또 접근하기가 쉽고 혜택이 많다. 이런 저런 요인이 맞물려 사람들을 모이게 한다. 대행사는 광고를 할 때 현지에 전단지라든지 현수막 기타 작업을 오프라인으로 무차별 살포한다. 그 덕에 현장에서 아파트 입소문은 꼬리에 꼬리를 물고 일어날 수 밖에 없다.

아파트는 단순히 상가나 다른 상품처럼 어느 부분을 차지하지 않는다. 대단위 단지를 차지하고 지역경제와 발전에 밀접한 연관을 가진다. 해서 직접 아파트를 들어가지 않는 주민일지라도 관심을 가질 수 밖에 없다.

그래서 입소문을 불러 일으키기 충분하다. 이런 황금 노다지 밭인 아파트 블로그광고를 놓칠 수는 없다. 블로그 초보자일수록 아파트 블로그광고에 집중할 필요가 있다.

1-3 지역 파악을 잘 하는 자
블로그 계약이 쏟아진다

'블루오션'과 '레드오션'이란 말이 있다. 블루오션이란 파란 태평양 바다 안에 있는 보물을 말한다. 그것은 임자가 따로 없다. 들어가 차지하는 것이 임자다.

2005년 유럽경영대학원(INSEAD)의 김위찬 교수와 르네 마보안 교수는 공동으로 연구했던 논문 〈블루오션 전략〉을 계기로 유명해진 말이다. 블로그 분양영업도 깃발만 꽂으면 땅을 차지하는 블루오션 자리가 있다.

블로그 초보자들은 이런 곳이 어딘지 파악을 할 줄 알아야 한다. 그렇지 않고 남이 한다고 열심히 책상 앞에서 노트북을 두들긴들 아무 효과가 없다. 이와 반대로 레드오션이란 말이 있다.

한마디로 피 터지는 전쟁판을 말한다. 지금 당신은 레드오션 분양판에 있는지 아닌지를 파악해야 한다. 그곳에 있다가는 손가락만 빨다 나올 것이 분명하기 때문이다. 그럼 어떤 곳이 레드오션이고 어떤 곳이 블루오션일까?

결론을 말하면 이름난 수도권은 레드오션으로 피 튀기는 전쟁판이다. 이름 나지 않은 지방이 바로 블루오션이다. 블로그 초보자는 지방 현장을 찾아라!

서울, 경기 및 수도권 지역은 이미 몇 해 전부터 블로그 바람이 불어 현장에 들어가면 반드시 블로그광고에 투자를 해야 된다는 인식이 강해서 그만큼 경쟁 또한 치열하다.

보통 한 현장에 300명 이상 투입이 되는 대규모 현장 같은 경우는 거의 1~20프로 이상이 블로그로 상위권을 잡기 위해 고군분투 할 것이고 이는 과열경쟁으로 이어진다. 이렇게 되면 업체마다 광고단가가 기하급수적으로 올라가며 투자할 수 있는 한계치가 생겨버린다. 그래서 나는 물론 상황이 되는 분들에 한해서이지만, 처음 입문으로 블로그 계약 쓰기를 시작하는 분양상담사분들께 경쟁이 적은 지방현장으로 투입을 권하고 있다.

물론 지방이라고 콜이 뜨지 않고 블로그 반응이 없다는 얘기는 경험해보지 않은 얘기이다. 내가 있었던 울산에서는 250명이 투입된 대규모 현장이었지만 블로그로 도배를 하며 현장에 있던 2개월 동안 못해도 300개 이상의 오더를 확보했었다. 그 오더들은 소개에 소개를 만들었고, 그 현장이 완판될 즈음에는 수십개의 계약이 내 손안에 쥐어졌었다.

요즘은 지방에도 많은 사람들이 블로그 작업을 하지만, 그래도 수도권보다야 훨씬 편하다. 지방 중에서도, 투입 인원은 많지만 경쟁이 많이 없을만한 현장을 주로 선택한다. 이는 내가 항상 교육 중에 전달하는 내용이지만 감을 익히는게 중요하다.

1. 이제 막 열리는 대규모 지방현장(초기선점의 중요성)

지방은 수도권보다 반응이 조금 느리다. 지방현장을 비하하는 건 아니지만 통계상 그렇다. 만약 큰 현장에 지방출장이 잡혀있다면 하루라도 빨리, 키워드를 확정하여 블로그진입을 시도하자.

2. 하루이틀 상간에 올라오는 블로그의 경쟁도를 보며, 메인키워드의 변동을 노려라

초기 선점도 중요하지만, 현장 물이 막오를, 즉 분양상담사들의 직투, 현수막, 거점영업이 투입되는 시기가 블로그를 올려야 되는 시기임을 명심해라.

이 두 가지 방법은 비단 지방에서 뿐만 아니라, 수도권에서도 마찬가지지만 이미 수도권은 블로그 경쟁이 포화상태라, 어마어마한 경쟁을 각오해야 하기 때문에 따로 언급하지 않겠다.

기술적인 미세한 부분을 이 책에 다 설명할 수는 없지만 그렇게 어려운 일이 아니라 몇 번 선택하다보면 충분히 감을 찾을 수 있다. 그리고 또 중요한 사실이 있다면 어떤 경쟁에서도 이겨낼 수 있는 업체를 알고 있어야 하며 계속해서 관계유지를 하고 발굴해야 된다는 점일 것이다.

BLOG MARKETING

1-4 블로그 계약이 쏟아지는 현장 파악 핵심은 이것이다 ▼

블로그광고는 현장에 따라 예민하다. 무조건 블로그광고를 했다고 계약이 쏟아지지 않는다. 보통 분양업을 6개월에서 1년 이상 한 사람은 현장 파악을 어느 정도 한다. 분양판은 크게 세 가지로 나눠볼 수 있다.

첫 번째 신규 현장, 두 번째 초기 분양 사원들이 빠지고 분양 팀이 새로 들어와 재시작하는 현장, 세 번째 뒤처리를 하는 끝물 현장(우리는 설거지라 부른다) 등이 있다.

초기 현장은 모두 기대감을 가지고 있어 옵션이 많다. 즉 수당이 적은 대신 계약에 대한 기대감이 많은 현장이다. 이 초기 선점을 통해 어느 정도 빼먹고 더 분양이 안 되면 다른 팀으로 교체를 한다. 이렇게 팀들이 바뀔수록 옵션은 풀리고 수당은 높아진다. 대신 계약률은 낮아진다. 당신이라면 어떤 현장을 택하겠는가? 수당은 적지만 계약에 대한 기대감이 많은 현장인가? 수당은 높은 대신 계약률이 낮은 현장인가?

나는 초기 현장이 되었던지 끝물 현장이 되었든지 그것보다 더 중요한 것은 광고를 많이 했느냐 안했느냐에 따른 현장을 선택하라 하고 싶다.

블로그콜의 태생은 사실 시, 대행사의 광고에서 온다. 광고를 보고 검색을 해본 후 전화를 하는 유형이 대부분이기 때문에, 현장의 광고여부는 현장을 선택하는데 굉장히 큰 비중을 둬야 한다. 초기 시작하는 현장이라도 광고가 부진한 현장이면 매력이 떨어진다. 중간에 대행사가 교체될 경우 광고를 많이 한다면 그 현장은 블로그광고하기 좋은 현장이다.

그 예로 대전 유성은 한 현장이 기억난다. 입지 조건과 여러 환경이 너무 좋아 금새 완판을 기대한 현장이 6개월이 지나도록 계약이 미진했다. 대행사에서는 초기 그런 기대감을 가지고 광고에 투자를 많이 하지 않았다. 초기 분양 팀의 실력을 믿고 버텼다.

분양이 더 일어나지 않자 급기야 팀을 교체하게 된다. 그러면서 대대적인 광고를 했다. 옥외 광고는 물론이고, 지역케이블 TV광고, 신문 삽지 전단 무차별 살포! 대형 현수막과 버스 광고등 무차별 광고를 하게 된다. 이런 광고 덕인지 몰라도 분양 비수기라는 바캉스 시즌에 가장 많은 계약이 이뤄졌다. 여기서 블로그광고를 한 나의 경우는 아주 단기간에 100억 원 가까이 계약을 이뤘다. 광고를 전혀 하지 않는 대행사를 만나면 블로그 영업도 고전을 한다.

1-5 블로그광고도 뚜렷한 목표가 있어야 한다 ▼

목표가 뚜렷하면 그에 맞춰 영업 방식이 조정된다. 본인이 현장에서 쓰고 싶은 계약, 받고 싶은 전화수에 대한 목표를 설정해 보자.

현장의 인원이 몇 명인지, 그리고 그 현장의 인원들이 현수막을 붙이는지 (현수막 시안은 블로그콜로 유입될 만한 내용인지), 경쟁도가 얼마나 심한지, 경쟁이 심하지 않은 황금키워드가 있는지 등을 통해 뚜렷한 목표를 설정해야 본인이 이 현장에 대해 계획할 수 있다.

그냥 무작정 남들이 블로그하니까 나도 이 현장에선 블로그해야지 라고 생각하면 대부분 광고비만 날리고 얻는게 거의 없다. 정확한 계산과 철저한 판단으로 현장을 시작해야 한다.

현장 인원 0명/ 내가 투자할 수 있는 돈 0원/ 목표 콜 개수 0개/ 목표 계약 개수 0 개/ 뚜렷한 목표는 그 목표에 좀더 가까이 다가갈 수 있게 한다.

1-6 확실한 현장 선택하는 법 ▼

　분양판이라는 곳이 감언이설과 술수가 난무하는 곳이라는 것을 너무나 잘 안다. 그러면서도 사람들이 모이는 것은 그만큼 분양과 투자란 매력이 있기 때문이다.

　분양판에는 크게 두 종류의 사람이 피해를 크게 볼 수 있다. 첫째는 투자 고객이다. 아무것도 모르는 투자 고객이 지인의 말이나 분양 사원의 감언이설에 넘어가 사실과 다르면 피해가 따른다. 요즘에는 피해사례 미연 방지를 위해 법적으로 어느 정도 장치가 되어 있다.

　보증 신탁 제도라든지 한마디로 완공되기 전까지 업자에게 대금을 지급하지 않고 신탁회사가 맡아 자금 관리를 해주는 제도다. 아무리 그래도 말과 달리 실제적 수입을 이루기 못하는 현장이라면 마음 고생, 시간 고생, 금전적 손실 충격이 올 수 밖에 없다. 또 한 부류는 분양 사원 자신이다.

　좋은 현장이라고 갔는데 분양은 되지 않고 말과 다르면 시간낭비 돈 낭비가 따른다. 그리고 단골 고객에게 신용을 잃어 이미지를 손상시킨다. 이렇기 때문에 확실한 현장을 구별 할 줄 알아야 리스크가 적다.

확실한 현장이란 사실 아무도 모른다. 분양이 되어 보고 시간이 흘러야 그 가치가 판단되기 때문이다. 허나 분위기와 데이터상 어느 정도는 흐름을 잡을 수 있다.

첫 번째, 확실함을 알고자 하면 주변 부동산을 조사해야 한다.

주변 부동산만큼 주변 상황을 잘 아는 사람들은 없다. 몇 년에서 십수 년을 자리 잡고 온 터주대감과 같은 존재들이다. 그들이 흥분하고 움직이면 좋은 현장이다. 부동산과 동반영업을 전문적으로 하는 분양 사원도 있다.

부동산만 찾아 다니며 전단지와 함께 브리핑을 해서 계약을 이삼십 개 따낸 경우다. 리베이트는 부동산 사장이 거의 가져간다. 하지만 물건이 좋으면 가장 빨리 소비할 수 있는 통로가 지역 부동산이다. 그들은 이미 자기들만의 단골 고객이 있다. 좋은 현장만 되면 즉시 연락하여 탐방하게 한다. 부동산 중개사는 지역민이기 때문에 함부로 사기를 칠 수 없다. 잘못 되면 그 지역을 쫓겨나야 하기 때문이다. 지역 부동산 업자가 좋아하는 현장은 거의 확실하다고 봐야 한다.

그들은 그 지역의 판세를 환히 읽고 있다. 또 지역 정보를 꿰뚫고 있어 언제 개발되고 무엇이 들어 설 것 인지를 안다. 부동산 업자를 찾아 가기전 무작정 찾아 가지 마라. 중개업소라 해서 분양 사원들을 모두 반기는 것은 아니다. 그리고 들어 주는 척 하지만 속내를 들어내 보이지는 않는다.

가장 좋은 방법은 일반인을 투입하여 돌아보게 하는 것이다. 고객을 가장한 정보 탐색이다. 그렇다면 그들에게 솔직한 답변을 들을 수 있을 것이다. 지역에는 그 현장만 있는 것이 아니다. 업자들은 많은 현장 중 자기에게 유익하고 욕먹지 않을 현장을 최우선적으로 소개할 것이다. 만일 당신이 들어가고자 하는 현장이 그 현장이라면 확실한 현장이라 봐도 무방하다.

두 번째, 대행사를 뒷조사해 본다.

물건이 아무리 좋아하도 대행사가 좋지 않으면 나중에 낭패를 당하고 만다. 리베이트를 지급받지 못한다든가 팀장이나 팀원들간의 불공정을 조정해 주지 못한다. 예를 들어 이런 일이 있었다. 팀장이 꼼수를 부려 팀원들의 수당을 착복한 경우다.

좀 똑똑한 팀원중 한 사람이 나서 팀장의 부조리를 지적했다. 정당한 수당 계산을 원했지만 팀장은 이런저런 핑계를 대며 시치미를 뗐다. 팀원들은 본부장과 이사를 찾아 가서 하소연을 했다. 하지만 그것은 팀내부 문제라며 자체 해결을 하라 했다. 억울한 팀원은 대행사 사장을 찾아 갔다. 결국 조정을 한다고 하기는 했지만 원래 수당에서 훨씬 못미친 금액만 조정해 줬다. 불공정한 대행사는 자기편의에 따라 집행을 한다. 이럴때는 실컷 일해 놓고 돈을 받지 못하게 된다.

불공정한 거래가 왜 일어나는가?

그것은 회사측에서 볼 때 이용 가치에 따라 기준이 되기 때문이다. 팀장이 사측 입장에서 필요하면 팀장 손을 들어 준다. 반대로 팀장이 무능하고 사측에게 피해를 입히면 가차없이 자른다. 이처럼 냉정한 곳이 나쁜 대행사의 기준이다. 아직 뿌리를 내리지 않은 소규모 대행사 경우 폐해는 더 심각하다.

얼굴이 괜찮은 날씬한 미모의 여자 사원이 있었다. 그런데 사원들간에 소문히 파다하게 퍼졌다. 대행사 사장과 그렇고 그런 사이라는 것이다. 그런데 계약이 그녀에게서 쏟아졌다. 출근하면 별로 하는 것도 없는 것 같은데 그렇다. 남들처럼 현수막을 붙이거나 전단지 작업 하는 것 한 번도 못봤다.

괜찮은 차 끌고 나와 출근 도장만 찍고 고객 만나러 간다고 하며 사라지고 만다. 그런 그녀가 계약톱이 되었다. 나중에 알고 본 즉 사장이 밀어 줬기 때문이라 했다. 광고를 하면 오는 전화를 대부분 그녀에게 밀어 준 것이다. 이런 조작질을 하는 회사는 나쁜 회사다.

1-7 지원이 좋은 회사를 택하라 ▼

대행사의 지원은 회사에 따라 다르다. 지원이 미비하면 직원이 피곤하다. 예를 들어 현수막의 경우 무차별 지원해주는 회사일 경우 직원이 편하다. 그렇지 못한 회사는 한정된 현수막만 지원한다. 여수에서 레지던스 호텔을 분양한 적이 있었다. 분양은 그럭저럭 되었지만 직원을 피로하게 하는 회사였다. 현수막은 구청에서 수시로 떼어 간다. 사진이 찍히고 바로 벌금을 맞는다.

지원이 좋은 회사는 벌금을 아예 책정해 놓고 무차별 현수막을 걸게 한다. 한사람 앞에 수십개의 현수막이 배당된다. 한번 걸면 다시 떼울 필요도 없다.

레지던스 호텔 분양회사는 짠돌이였다. 한정된 현수막은 물론이요, 벌금도 직원들에게 책임을 전가했다. 그래서 어쩔 수 없이 금요일 저녁부터 월요일 아침까지만 걸고 회수를 한다. 토요일 일요일은 현수막 수거를 하지 않기 때문이다. 월요일 새벽 일찍 일어나 열댓 개의 현수막을 거두는 일도 피곤한 일이었다.

분양판에서 전단지를 살포하다 보면 사은품이라는 것이 나온다. 여름에는 부채가 단골 메뉴고 물티슈가 인기 있다. 그 외 여러 가지 사은품과 함께 전단지를 살포해야 사람들이 받아 준다.

유원지 입구나 번화한 버스 정류장 입구, 다른 업체의 모델 하우스 주변에서 작업을 하면 효과가 있다. 이때 사은품 지원이 약하면 작업 하기가 뻑뻑하다. 이런 사소한 것 하나라도 챙겨 주는 회사는 뭔가 달라도 다르다. 그런 회사들은 기한이 되기 전에 대부분 완판을 한다.

직원들의 식사 문제라든지 지방의 경우 숙소문제도 중요하다. 매일매일 일어나는 반복적인 영업현장에서 이런 사소한 지원은 작지만 힘을 불어 넣어 준다. 그렇지 않은 회사를 만나면 일이 잘 되면 무마가 되지만 안 될 때는 불만으로 이어진다. 탈퇴자들이 나타나고 계속 팀원들이 바뀐다. 이런 회사는 좋은 회사가 아니다. 경험상 특히 광고에 인색한 회사는 분명 무언가 꿍꿍이가 있거나 경험이 많이 없는 회사였다. 최소한 신문삽지정도는 무차별 살포해 주는 회사를 찾아봐야 한다. 물론, 가뭄에 콩나듯 광고하나 안하고 완판신화를 쓰는 곳도 있지만 희박할 뿐이다.

BLOG MARKETING

1-8 계약을 쓸 수밖에 없는 환경은 이런 환경이다 ▼

계약은 가만히 있다고 나오는 것이 아니다. 회사의 무차별 지원과 분양 사원의 쉬지 않는 열정 그리고 온라인 마케팅 홍보를 통해서 나온다. 어느 것 하나 소홀히 할 수 없다.

내가 주장하는 다발적 계약의 핵심은 블로그 작업이다. 하지만 이것이 힘을 받으려면 회사의 지원이 필요함을 말한 것이다. 제일 중요한 환경은 역시 자신이다. 자신이 그런 환경을 없으면 만들어야 한다. 직원들 중 보면 세 가지 부류가 있다.

첫째 전통적인 방법으로 열심히 뛰는 사원, 둘째 일비나 받아가며 운만 기다리는 사원, 셋째 최신 트렌드를 잡아 블로그광고하며 계약을 다발적으로 이루는 사원이다.

당신은 어떤 사원에 속하는가? 현장을 보면 블로그 작업을 통해 많은 계약을 이루는 사원은 30%도 못미친다. 한다해도 효과가 드물다. 아직까지는 전통적인 분양작업이 분양판을 장악하고 있다. 현수막, 전단지, 지인영업, TM영업 등이다. 전통적 작업은 고수들은 그들만의 노하우가 있다. 현장에 투입 즉시 어디에 자리를 잡고 어떻게 영업을 해야 할지 이미 설계도가 그려져 있다.

아주 전통적이면서 원시적인 방법이지만 그래도 먹힌다. 예를 들면 파라솔을 펼쳐 놓고 호객하며 하는 영업이라든지 전단지 투입 등 방문 영업이다. 내가 아는 한 직원은 다른 지역에서 온 사원이었다. 그런데 현장마다 최소한 월 1,000만 원의 수익을 챙겨간다.

그의 비법은 전통적이 돌방이었다. 어떤 특정한 동네를 돌아 다니며 가게 주인에게 인사를 하고 매일 같이 작업을 하는 것이다. 이런 전통적 방법이 의외로 먹혀 든다. 영업이란 사실 발로 뛰지 않으면 누가 물건을 사러 오는 경우가 없다. 땀과 피의 산물이 결과를 낳는다. 하지만 그런 영업을 하는 사원은 대단한 의지의 사람이며 어떤 영업을 해도 성공할 사람이다.

허나 대부분의 직원은 그렇게 하지 못한다. 일비나 받아먹고 당직 때 운이 좋으면 찾아오는 고객을 통해 계약을 쓰는 정도다. 이런 사람은 사실 분양판에서 오래가지 않는다. 분양판에서 살아남으려면 명확한 기준과 목표가 있어야 한다. 이 현장에서 얼마만큼 계약하고 얼마만큼 벌어야겠다는 목표 설정이 되어 있지 않으면 그저 하루 하루 시간만 때우다 보낸다.

성공하는 사람들의 특징

당신이 분양을 통해 월 5,000만 원 이상을 벌고 싶으면 그에 맞는 행동을 해야 한다. 성공하는 사람들은 특징이 있다. 열정은 기본이다. 가장 중요한 마인드는 정확한 목표 설정이 되어 있다는 것이다. 운좋게 계약을 해서 묵돈을 만지면 좋고 아니면 말지라는 케세라세라식의 사고 방식이다.

머리는 차갑고 가슴은 뜨거워야 한다. 이런 사람들은 조금 일이 안 풀렸다고 낙담하지 않는다. 그것은 과정일 뿐이라고 생각한다. 일을 하다보면 여러 가지 변수가 생긴다. 그 변수의 하나일 뿐이다. 그것에 맞게 또 수정하면 된다.

한마디로 멈추지 않는 열정을 가진 자가 성공을 한다. 이런 사람들은 고정 관념을 싫어한다. 시대의 트렌드에 맞는 것이 무엇인지 눈을 크게 뜨고 귀를 열어 제낀다. 블로그 분양은 변혁하는 사회에서 하나의 트렌드이다. 이 트렌드를 따라 잡은 사람들이 돈을 번다.

주변에는 이삼십 대에 돈을 엄청 벌어대는 사람들을 많이 봤다. 왜냐? 트렌드를 따라 잡았기 때문이다. 이들은 컴퓨터와 인터넷 모바일에 대해 익숙하다. 그 통로만 열었는데 순식간 수억 수십억을 벌었다. 당신이 성공자가 되려면 열정은 기본, 정확한 목표와 트렌드를 따라 잡는 것이다.

케세라세라
스페인어로 될 대로 되라 라는 뜻이다.

이번 달 당장 월 천 이상 벌고 싶은가? 그렇다면 이 단어를 배워라.

블로그 자동완성   황금키워드!
검색량   연관검색어

이런 단어들을 알고 있는가? 그리고 정확한 내용을 파악했는가? 이 단어
들에 대한 정확한 파악을 했다면 당신은 월 천 이상 블로그로 돈을 벌 자격
이 있다. 어떤 팀장이 블로그를 몇 번 하다 별 효과를 못봤다고 멈췄다. 그사
람은 이런 검색어에 대한 이해가 부족했기 때문이다. 무조건 블로그만 했다고
계약으로 이뤄지는 것이 아니다.

첫째, 고객에게 많이 노출되어야 한다. 둘째, 신뢰 할 만한 내용의 글과 사
진 그래픽이 충실해야 한다. 셋째, 전화가 많이 올 수 있는 블로그 환경을 만
들어 줘야 한다. 이러한 것들을 하나 둘씩 풀어가 보기로 하겠다.

Part.2

실전기법

2. 검색량, 자동완성, 연관검색어가

돈을 벌어다 준다!

2-1 검색량 파악은 필수다 ▼

내가 들어가는 현장이 얼마나 경쟁도가 있는지를 판단하는 기준은 여러 가지가 있지만 그중 많은 비중을 차지하는 항목이 검색량이다.

검색량이 물론 최종고객이 검색을 해서 만든 정확한 수치는 아니다. 업체들이 수동적으로 올려놓은 수치가 대부분이긴 하지만 검색량이 많다는건 그만큼 메리트 있다는 키워드라는 얘기고 메리트가 있는 키워드는 포기하면 안 된다.

PC활용능력이 부족한 사람이라도 검색량을 조회하는 방법은 생각보다 간단하다. 예를들어 서울시 강남구 홍길동 아파트라는 현장에 대한 검색량을 검색해 본다고 가정하자.

네이버 검색광고 검색량 확인하는법

STEP 1

네이버검색광고

통합   지식iN   동영상   블로그   뉴스   이미지

연관 네이버검색, 네이버 검색광고센터, 네이버 검색등록, 네이버 광고,
네이버 검색광고, 모바일검색광고, 해외검색광고, 중국검색광고...

네이버광고 — ① 클릭!
m.searchad.naver.com

상품안내 · 운영안내 · 교육신청
네이버 광고 소개, 사이트검색~

사용자 아이디를 입력해주세요.

로그인

신규가입   아이디 / 비밀번호찾기

② 회원가입진행

1. 네이버 검색창에 '네이버검색광고'를 검색한 뒤, 네이버광고를
   클릭해 회원가입을 진행해 주세요.

STEP 2

비즈머니

0 원

가상 계좌 등록하기

광고시스템   ③ 클릭!

구 광고관리시스템
(클릭초이스/상품광고)

2. 로그인 후 네이버광고 상단 오른쪽 '광고시스템'을
   클릭해주세요.

분양판! 이제는 블로그의 시대다

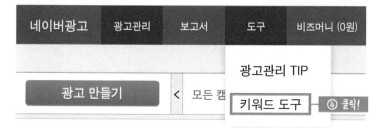

3. 상단 메뉴바 도구 > 키워드 도구를 클릭해 주세요.

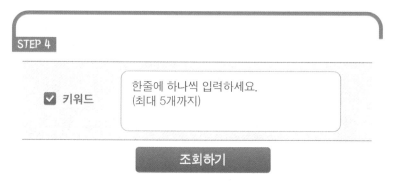

4. 파악하고자 하는 검색 키워드를 작성해 주세요.

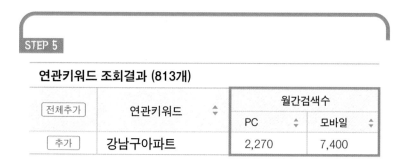

5. 예시로 '강남아파트' 키워드를 조회해 보면, 모바일 또는 PC의
   월간 검색량을 확인할 수 있습니다.

PC 2,270, mobile 7,400, 여기서 PC는 사람들이 PC화면으로 검색한 검색량을 의미하고 mobile은 핸드폰으로 조회한 검색량을 의미한다. 둘 다 중요하지만 비중을 mobile 검색량에 조금 더 두는 것을 추천한다.

PC와 모바일 차이

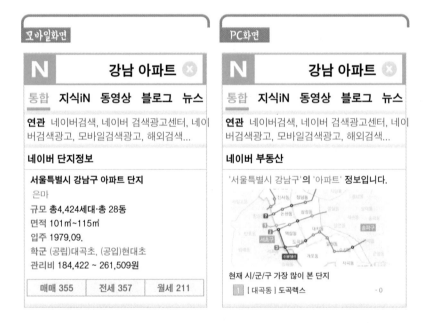

동일한 키워드를 검색하더라도 모바일과 PC버전에서 노출되는 정보는 상이합니다.

대부분의 고객들은 현수막을 보든, tv광고를 보든 부족한 정보를 모바일을 통해 검색하고 더 궁금한 사항을 모바일에 표시된 전화번호로 전화하는 경우가 대부분이기 때문이다. 검색량을 확인했다면 이 검색량이 어떻게 만들어졌는지를 추측해야 한다.

1. 현장이 언제 오픈했는지

현장이 언제 오픈했는지는 분양상담사라면 반드시 알아야 되는 정보다. 현장의 히스토리를 모르면 그 현장에 들어갈 자격이 없다는게 나의 생각이다.

2. 이 현장에 블로그광고 글은 제일 처음 언제 올라왔는가

포털사이트의 장점은 몇 년 전 글들도 저장이 된다는 점이다. 본인이 들어가려 하는 현장에 제일 처음 광고글이 언제 올라왔는지를 반드시 확인하자.

이 현장의 히스토리를 보려면 블로그광고가 언제 올라왔는지, 경쟁도는 어떤지를 보면 알 수 있다.

검색량과 블로그글들의 히스토리는 내가 이 현장을 선택할 때 어떤 키워드를 선택하느냐에 아주 중요한 요소이다.

블로그탭의 역사, 히스토리 파악하기

블로그 탭

  강남 아파트   ⊗ 📷

통합   지식iN   동영상   블로그   뉴스   이미지

연관 강남불패, 아파트전망, 서울 아파트값, 부산 아파트 전망, 서울
아파트 분양, 세종시 아파트전망, 아파트가격, 대구 아파트전망...

블로그   181-190 / 84,234건

 강남 아파트 전세 역세권의 갑이지~ 2017.03.11
강남 아파트 전세 역세권의 갑이지~ 역세권의 자리를 당당
하게 지키고 있는 **강남 아파트**의 전세를 보실까요?...
부동산산책블로그 blog.naver.com/bunyang7472

 강남 아파트 월세로 알아보세요! 2017.03.11
강남 아파트 21평 월세 한강변에 위치한 **강남 아파트**입니
다. 21평 월세 매물이 나와있구요. 우수한 교통...
부동산산책블로그 blog.naver.com/bunyang7472

< 이전페이지   1   2   3   4   . . . | 16 |—〈 블로그 히스토리!

블로그 탭의 제일 마지막을 확인하면 언제부터 글이 올라와 있
는지 키워드의 히스토리를 확인할 수 있습니다.

BLOG MARKETING

2-2 대형메이저 업체들이 순위를 잡고 있는지 확인하자 ▼

주변에 현장들을 검색해 보자. 항상 보이는 블로그 제목만 보이고, 경쟁이 정말 치열한 현장 같은 경우는 진입할 수 있는 블로그들이 한정적이다. 자꾸 보다보면 익숙해진다.

그 블로그들이 내가 선택한 현장에도 글을 적었는지를 살펴보자. 그럼 경쟁도가 대충은 보일 것이다. 내가 들어가는 현장이 광고비용이 많이 들지 안들지 윤곽이 슬슬 잡힌다.

경쟁이 치열하다면 내가 각오해야 하는 비용투자도 올라 갈 수 밖에 없다. 비용투자를 많이 해서라도 꼭 잡아야되는 현장인지 고민해 보자. 만약 확신이 섰다면 하루라도 빨리 선점을 어떤 키워드로 할지를 결정하는 문제일 것이다. 여기서 가장 중요한 점은 본인이 확인한 검색어 밑에 추가로 생기는 검색어들에 대한 파악이다.

추가로 확인되는, 서브키워드 파악하기

연관키워드

☑ 키워드 강남아파트

연관키워드 조회결과 (813개)

전체추가	연관키워드 ⇕	월간검색수	
		PC ⇕	모바일 ⇕
추가	강남아파트	2,270	7,400
추가	강남아파트월세	3,310	8,440
추가	역삼동아파트	380	2,240
추가	강남오피스텔	1,860	4,160

서브 키워드

네이버 검색광고에서 '강남아파트' 검색량 조회 시 함께 파악할
수 있는 연관키워드들

추가로 확인되는 키워드(서브키워드) 검색량도 반드시 파악해두자.

　꼭 메인키워드만 콜이 뜬다는 생각은 버려라. 메인키워드를 결정짓는

조건은 항상 서브키워드라는 점을 명심해라.

　다음 장에서 메인키워드와 서브키워드(황금키워드)에 대해서 다루겠

지만, 검색량 파악시 반드시 짚고 넘어가야 된다는 점을 명심하자.

2-3 자동완성을 주목하라 ▼

용어들이 낯설 수 있다. 우리가 흔히 블로그 기술을 얘기할 때, 나오는 단어들이니 개념에 대해서 숙지할 필요가 있다. 검색량을 파악해뒀다면 자동완성이 생성되는 키워드에 주목할 필요가 있다.

네이버 검색창, 자동완성의 개념 파악하기

자동완성

N **강남아파**

강남 아파트
강남 아파트 전세
신림동 강남아파트

자동완성은 텍스트 입력 필드에 몇 개의 문자만 입력하면 사용자가 입력을 의도한 정보를 더 빠르게 찾을 수 있습니다.

어떤 현장이든 현장이 투입되면 자동완성이 생긴다. 자동완성이 생기는 기준은 사람들의 직접 검색하는 키워드, 그리고 키워드 타이핑을 치다가 생성되는 자동완성을 클릭함으로써 그 기준이 발생되는데, 대부분의 사람들이 검색을 하다보면 원하는 키워드를 100% 입력해서 들어가기 보다는 적당히 치다가 아래쪽에 생기는 자동완성을 클릭해서 들어가는 경우가 많다. 그렇기 때문에 우리는 자동완성이 생성되는 키워드에 주목할 필요가 있고, 현장에 들어가 키워드를 선정함에 있어 이는 굉장히 중요한 요소이다.

대부분 (키워드) + 모델하우스, (키워드) + 홍보관, (키워드) + 분양가 등등이 생기는 이러한 자동완성을 임의로 작업을 주어 생성시키는 업체들이 존재해서 가끔 경쟁이 치열한 현장의 자동완성을 보면 (키워드) + 상담사이름 등이 인위적으로 생성된 걸 확인할 수 있다.

나는 사실 이러한 작업을 크게 추천하지는 않으며 실제로 고객과의 인바운드 상담을 통해 오히려 거부감을 받았다는 고객이 더러 있는 것으로 보아, 본인의 취향에 맞게 결정하면 될 듯하다. 여기서 가장 중요한 점은 (메인키워드) + 서브키워드 등의 자동완성 키워드를 주목하고 생각보다 메인키워드 말고 서브키워드를 통해 검색하는 사람들이 많으니 서브키워드를 소홀히 해서는 안될 것이다.

BLOG MARKETING

2-4 연관검색어는 반드시 알아야 한다 ▼

연관검색어에 대한 개념도 반드시 파악해 두자. 업체들이 간혹 연관검색어를 제안하는 경우가 있으니 알고 있다면 큰 도움이 될 것이다.

네이버 검색, 연관검색어 개념 파악하기

연관 검색어

N **강남 아파트** ⊗ ▣

통합 지식iN 동영상 블로그 뉴스 이미지

연관 강남불패, 아파트전망, 서울 아파트값, 부산 아파트 전망, 서울 아파트 분양, 세종시 아파트전망, 아파트가격, 대구 아파트전망... ◀ 연관 키워드

연관검색어는 사용자가 특정 단어를 검색한 후 연이어 많이 검색한 검색어를 자동 로직에 의해 추출하여 제공하는 기능입니다.

바이럴업체가 가장 많이 인위적인 작업을 하는 분야가 연관검색어이다. 사실 연관검색어는 실제 검색하는 사람들을 타겟하기 위한 좋은 수단이긴 하나 부동산 분야에서는 그렇게 크게 효과가 있는지에 대한 부분은 검증된 사실이 없다. 여러 업체들이 이 주장에 대해서 반발할 수 있겠지만, 실제로 고객에게 판매하기 위한 상품으로서 연관검색어는 자기만족 그 이상 그 이하도 아니라고 표현한다.

맛집, 미용실, 등등 수많은 검색을 통해 마음의 결정을 하고 전화를 하는 분야가 아닌 전화번호를 확인하고자 혹은 내용을 파악하고자 들어오는 분양 키워드의 경우 연관검색어의 효과는 다른 분야에 비해 체감이 적다고 할 수 있다.

자동완성과 마찬가지로 연관검색어에 (키워드) + 상담사 이름이 잡히는 현장을 간혹 본 적이 있을것이다. 이러한 작업을 하는 이유는 여러 가지가 있지만, 나는 크게 추천을 하지 않는 바이다. 물론, 자금적 여유가 된다면 오더확보에는 정답이 없다. 뭐든 많이 투자하면 많이 거둘수 있는게 광고의 세계이고 나는 효율성을 얘기하고 있는 것이다.

Part.2
실전기법

3. 사람들이 검색할만한
키워드를 노려라
[키워드선택법]

우리가 가장 원하는 건 많은 계약의 창출이다. 그 많은 계약을 창출하려면 콜을 많이 받아야 하고 콜을 많이 받기 위해서는 사람들이 가장 많이 검색하는 키워드를 파악하는 일이 가장 중요하다. 여기서 키워드가 의미하는 건 사람들이 검색하는 단어를 의미한다.

키워드 파악, 키워드란 무엇인가?

키워드란?

N **강남 아파트** 키워드 ⊗ 📷

뉴스 연애 스포츠 쇼핑 동영상

5년치 소득 모아도 빚 못갚는데 … 은행은

외교부 "日홋카이도 관광객 태운 버스…

[키워드로 본 2017 경제] J노믹스-가계…

'빛 공해' 시달리는 도시인… 한낮 '햇빛

실시간급상승 1 이만평 ⌄

키워드란? 데이터를 검색할 때, 특정한 내용이 들어 있는 정보를 찾기 위하여 사용하는 단어나 기호입니다.

3-1 어떤 현장이든 콜이 많이 뜨는 키워드가 있다

현장을 선택했다면 앞서 말한 검색량 파악, 자동완성 파악, 연관검색어 파악을 통해 내가 선택해야 할 키워드를 선정해야 한다. 이는 계약과도 직결되는 가장 중요한 판단이고 한 번 선택 후 마음을 바꾼다면 그만큼 비용지출이 생길 수 있으니 신중하게 결정하는 것을 추천한다. 현장에 들어가서 키워드를 결정하는 중요한 요소들은 다음과 같다.

가장 많이 사람들이 접하는, 즉 배포되는 전단지, 광고등의 키워드는 무엇인가?

보통 (지역 + 네이밍)이 메인키워드로 선정되는데 서울 관악구 홍길동이라는 현장을 예를 들자면 대부분 사람들은

관악 홍길동 / 관악구 홍길동 → 메인키워드

이런 키워드들을 메인키워드로 잡고 업체들도 대부분 이런 키워드들을 공략한다. 여기서 관악구 < 구를 붙이느냐 떼느냐에 대한 세밀한 판단이 필요한데 이는 전단지, 현수막, TV광고로 판단하는게 첫 번째이다. 신문 삽지나 물티슈, 전단지에 들어가는 문구가 '관악 홍길동'이라고 하면, 그 키워드를 선택해야 할 것이며 관악구 홍길동이라면 그 키워드를 선택해야 한다.

그리고 키워드를 선정할 때 관악 홍길동 (붙여서)를 선택하느냐 관악 홍길동 떼어서를 선택하느냐의 (이미지 설명) 고민도 해봐야 한다. 이는, 자동완성의 유무에 따라 결정해야 하는데 부동산 고객의 특성상 연령층이 높으신 고객들은 자동완성을 무시하고 가끔 붙여서 검색하는 사람들도 있어서 두개 다 선택하는 것도 하나의 방법이 될 수 있다.

이렇게 메인키워드를 선택하고 나서도 현장 상황에 따라, 실 검색량에 따라 메인키워드가 바뀌는 경우도 있는데 대부분 한번 잡힌 자동완성키워드들은 현장이 거의 끝날 무렵까지는 버티기 때문에 크게 걱정할 필요는 없다.

다만, 어느 정도 시간이 지나고 콜이나 오더가 뜨지 않는다면 고민하지 말고 다른 키워드를 알아볼 필요성은 있다. 대부분 업체들은 키워드 바꾸는걸 허용하지 않지만 일정량의 수고비를 지급하거나, 기존에 관계성을 계속 유지했다면 저렴한 금액에 바꿀 수도 있으리라.

BLOG MARKETING

3-2 경쟁이 치열하지 않은 황금키워드를 공략하라 ▼

메인키워드를 결정하고 진행하려는데 경쟁이 너무 치열해 진입도 힘들 뿐더러 광고단가가 너무 비싸다면 황금키워드를 공략해야 한다. 여기서 황금키워드란, 업체에서 올린 조회수가 아닌 조회수가 적지만 실검색량으로 보여지는 경쟁이 적은 키워드를 말하는데, 메인키워드에 집중해서 투자하는 방법도 좋지만 조회수가 적어도 실제 유입되는 검색이 많이 되는 황금키워드 여러 개에 투자하는 것도 한 가지 방법이 될 수 있다. 전 장에 예를 든 '서울 관악구 홍길동'이라는 현장을 예를 들어보자.

실제 검색하는 사람들 중, '관악 홍길동'이라고 검색하는 사람들을 제외하고 특수한 경우가 궁금해서 검색하는 사람들이 있다.

예를 들면 '관악 홍길동 분양가'라든지, '관악 홍길동 대표번호'라든지 '관악 홍길동 모델하우스' 등이 이런 키워드인데,

경쟁이 적은 대신 광고비 예산을 적게 잡아도 되기 때문에 메인키워드를 한 개 선택하는 것보다 황금키워드 2~3개를 선택하는 게 훨씬 효과를 더 보는 경우도 있다.

메인키워드 < 황금키워드☆
　　　　　　　2~3개

그리고 우리가 생각 못하는 키워드들도 다양하게 검색이 되다보니 '관악 홍길동 주소'라든지 '서울 홍길동'이라든지 여러 개의 키워드를 천천히 고민해보고 제일 효과를 많이 볼 수 있는 키워드를 선택하는 안목을 길러야 한다.

상위를 잡고 있는 글들이 메이저 업체나 대형업체라면 분명 조회수는 기존 실검색량보다 많다고 봐야 하고, 그러한 업체가 많으면 많을수록 검색량에는 거품이 많다는 사실을 잊지 말자.

3-3 PC영역(블로그탭)도 좋지만 모바일 영역에 비중을 늘려라 ▼

2000년대 초반 우편 -> 메일 시대로 바뀌면서 이슈를 일으켰던 포털사이트는 PC를 기반한 플랫폼이었다.

2010년 초반으로 오면서, 핸드폰기기의 보급화와 다양한 기술들이 접목하여 PC보다는 Mobile기반의 플랫폼들이 장악하고 있는 시장에서 분양광고 역시, Mobile시장을 주목해야 될 필요가 있다.

특히나 시행사, 대행사에서 진행하는 온오프라인 광고가 새어 나와 생성되는 블로그콜의 특성상 모바일영역의 중요성은 계속해서 대두대고 있는 실정이다. 가능하다면, 모바일상에서 본인의 전화번호를 노출시키는 것에 초점을 맞춰서 광고기획을 진행해 보자.

Part.2
실전기법

4. 계약 확률을 높여라

BLOG MARKETING

4-1 나도 사이드를 할 수 있다 ▼

내가 한달에 5,000만 원 이상 수익을 내는 방법은 거두절미하고 사이드 방식이다.

흔히들 사이드업체와 한두 번 거래를 해보았을 터일 것이다. 본인이 현장에 들어가지 않고 광고를 올려 발생되는 오더로 계약이 나왔을때 계약 수수료의 일부분을 받을 수 있는 방식이 사이드 방식이다. 이는 잘 활용한다면 굉장히 효율적인 방식이다. 몸은 한 개인데 현장은 여러 현장을 뛸 수 없다. 하지만 이를 실행하기 위해서는 몇 가지 선행조건들이 따라와야 한다.

현장을 선택하는 판단력

사이드작업도 일종의 비용투자이다. 아무 비용 없이, 사이드 작업으로 계약을 창출하려 한다면 큰 오산이다. 물론 노동력만으로도 작업하는 곳이 있지만, 갈수록 힘들어지고 있다. 비용이 투자된다면 리스크를 감수하기 위해 적절한 현장을 선택해야 한다.

믿을만한 실력 있는 사람이 필요하다.

대부분의 분양상담사들이 온라인광고를 잘 모른다. 그러면서 손님만 있으면 계약을 시킬 자신이 있다고 한다.

나를 거쳐간 1000명이 넘는 분양상담사 중 80%는 자기 돈 쓰기는 아까운데 광고는 해야겠고 사이드라도 해야겠다라고 생각하는 사람들이었다. 물론 이 글을 읽는 자신도 그런 사람일 수 있다. 이처럼, 믿을만한 실력 있는 사람을 많이 알고 있다면, 분명 투자해 볼만한 가치가 있다.

나는 남들보다 현장경력이 크게 많지는 않아 두터운 인맥이 있던 상황도 아니었다. 수많은 실패와 시간투자를 거쳐 지금은 서로 믿고 의지할 동료들이 많아져 전국에 어떤 현장에 들어가도 다들 많은 계약을 창출하고 있다. 이 글을 읽는 당신 역시 현장경험도 많고, 상담능력이 탁월한 주변 지인들이 많을 것으로 생각된다.

그들이 이러한 정보를 모르고 있고, 블로그광고에 대해 문외한이라면 먼저 제안을 해보자.

'내가 광고를 할테니 계약은 당신이 쓰세요.'라고 이렇게 한 현장 두 현장이 모여 여러 현장에 뿌려지면 계약될 확률은 늘어난다. 내가 굳이 현장에 들어가지 않더라도 수입은 시스템화가 되어 버린다. 그러면 현장을 보는 안목도 늘어나고 다른 세계가 눈에 들어올 것이다.

물론 현장에 투입되서 고군분투하는 분들을 무시하는 것은 아니다. 이러한 방법도 효율적인 방법이 될 수 있다는 것을 알려 드리고 싶은 것이다.

4-2 계약은 연구에서 시작된다 ▼

쉽게 돈을 버려는 생각을 버려라. 분양판에는 나름 왕년에 잘 나가던 사람들이 참 많다.

내가 몇 년 전에는, 100평이 넘는 학원을 운영했고~ 내가 작년까지만 해도 대기업 임원이었고~ 자타공인 각 분야에 이름있었던 사람들인데, '까짓 것 분양상담사 조금만 하면 남들보다 잘할 자신 있다.'라고 생각하면 큰 오산이다. 그리고 아무런 공부와, 노력 없이 결과물을 얻었다면 언젠가는 다시 그 결과물을 잃을 것이라 확신한다.

나는 분양상담사를 처음 접하고 나서 3년은 배우는 시간이라고 생각하라고 한다. 그것이 상담스킬이든, 오더확보 노하우든, 블로그 기술이든 닥치는데로 시간과 노력과, 자본을 쏟아 부어라. 다 자신에게 남는다고 확신을 한다.

4-3 포스팅에 올라가는 원고는 꼭 본인이 준비하자 ▼

분양상담사는 현장에서 판매하는 상품을 고객에게 설명해 투자설득을 시키고 계약이 성사되면 홍보수수료를 받는 직업이다. 즉, 상품에 대한 이해가 누구보다 잘 되어 있어야 한다.

이 상품에 대한 설명과 고객유치에 대한 니즈환기는 본인의 몫이다. 광고를 맡김에도 이는 마찬가지이다. 포스팅을 올려 사람들이 전화를 하게끔 하려면 글에 설명이 들어가야 하는데 이 글을 광고업체에 맡긴다면 이는 올바른 자세가 아니다.

적어도 현장에 대한 브리핑이나, 현장에 대한 자신감을 글로 표현해야 하는데 기계적이고 반복적인 글작업을 하는 업체에 본인의 광고를 대필로 맡겨 버린다면, 그만큼 애착이 없다는 뜻과 같다.

적어도 포스팅에 올라가는 원고는 어느 정도까지는 본인이 준비하자.

포스팅 원고 이렇게 쓰면 주목을 한다

글이란 것은 바꾸어 말하면 말하는 것과 같다. 고객이 모델하우스를 방문하면 일정 시간 동안 앉아서 팀장의 브리핑을 듣는다. 이때 팀장이 브리핑을 잘하면 계약으로 이어진다.

계약을 잘 끌어내는 브리핑은 첫째, 고객을 지루하지 않게 한다. 둘째, 신뢰감을 준다. 셋째, 지금 안하면 손해날 것 같이 한다. 홈쇼핑 호스트들을 보자. 그들의 말에 귀기울였다가는 이내 전화를 걸고 만다. 정확한 발음구사력, 똑 똑 떨어지는 깔끔한 말투, 심지어 잘생기기까지 했다. 거기에 자신감 있는 표정은 현장이 아닌 화면을 보고 주문으로 이어진다. 똑같은 상품을 가지고 어떤 호스트는 완판을 한다. 그 비밀은 바로 언어 구사력에 있는 있는 것이다.

블로그 포스팅 원고는 보이지 않는 현장 브리핑이다. 블로그광고효과가 왜 좋냐하면 당신의 글을 읽고 방문까지 왔다는 것은 이미 계약할 마음의 준비가 어느 정도는 되었다는 얘기이다. 고객은 수많은 블로그 검색을 할 것이다.

여러 글을 읽고 가장 충실하고 신뢰감이 있다고 생각하는 블로그 글을 최종 선택하고 전화를 건다. 말은 현장 브리핑이요 글은 보이지 않는 현장 브리핑이다. 고객이 당신 앞에 있다고 생각하고 글을 써야 한다.

쉽게 글을 써라

글이라 해서 멋낸다고 어렵게 쓰면 고객은 이내 다른 블로그로 옮길 것이다. 쉬운 글은 단어가 어렵지 않은 글이다. 블로그 포스팅은 철학 강의가 아니다. 또 경제학 개론 강의가 아니다. 유식한 척 하려고 이것저것 외래어를 남발하거나 어려운 단어를 쓰면 당신의 글은 버림을 당할 것이다.

쉽게 글을 쓰려면 어떻게 해야 하는가? 첫째 누구나 알 수 있는 쉬운 단어를 쓴다. 꼭 어려운 단어나 시사 용어를 쓰고자 할 때는 반드시 그에 대한 해석을 하고 넘어 가야 한다. 어떻게 쓸지 감이 안잡힌다면 이렇게 해보라. 당신이 평소에 하던 현장 브리핑이라 생각하고 녹음을 하면서 브리핑을 하라. 그것을 녹취한 다음 다듬어서 블로그 글로 올리는 것도 한 방법이다. 가장 자연 스러운 것이 가장 좋은 말이며 글이다.

데이터와 가치 있는 정보를 제공하라

평이한 정보나 글은 주목을 끌지 못한다. 가치 있는 데이터와 정보를 제공하라. 땅만 전문적으로 컨설팅 하는 여자 부동산 상담가가 있었다. 그녀는 토지 전문 입문 2년동안 그야말로 죽을 고생을 했다. 그러다 어느 순간부터 천만 원, 이천만 원, 삼천만 원, 사천만 원 등 천만 원 단위로 월 수익이 늘어나게 되었다.

그녀의 고수익의 원인은 한마디로 고객이 필요로 하는 정보 제공이었다고 한다. 그저 평이한 정보가 아닌 다른 곳에 없는 정보 충실한 정보였다. 카페를 운영하면서 회원이 60명도 안되었는데 월 천 수익을 시작으로 고소득 행진을 했다고 한다. 사람이 많으면 금방 돈을 벌 것 같지만 꼭 그렇지 많은 것만 같지 않다.

부산에 있는 원룸 전문 중개사가 있다. 그는 부산권에서 가장 활성화된 부동산 원룸 카페를 가지고 있다 한다. 매일 한두 건의 문의가 온다고 한다. 그런데 계약으로 이어지지 않아 고민을 하고 있다. 조회수가 많고 문의가 있어도 계약으로 이뤄지지 않는 것은 그사람의 멘트에 분명 문제가 있는 것이다.

결국 최후의 결단으로 책을 내서 브랜딩 해보자 했다. 허나 막상 글을 써 보려 하니 먹먹하고 잘 생각이 나지 않았다. 그래서 생각한 것이 대필이다. 대필 전문 작가를 찾아가 하소연을 하고 거의 재능기부하다시피 대필을 받았다. 결과 많은 열매를 얻게 되었다.

이처럼 글은 상대의 마음을 움직이는 힘을 가지고 있다. 글에는 진정성이 있어야 한다. 진정성 없는 글은 고객이 금방 알아본다. 그러면 진정성 있는 글은 어떻게 써야 하는가? 서두에 말씀드린 것처럼 바로 데이터와 가치 있는 정보를 전하는 것이다. 땅을 전문으로 하는 여자 부동산 마케터는 하나의 정보를 전하더라도 진솔하고 길게 썼다고 한다. 형식적이며 상투적인 글을 버리고 자신이 발로 뛰어 얻은 정보를 느끼게 했다고 한다. 독자는 금방 알아 본다.

고객을 끌 수 있는 글은 투자 대비 수익에 대한 정확한 안내다

투자자의 대부분은 큰 수익을 노린다. 그런 심리를 잘 파악한 글이 고객을 불러 모은다. 행정도시 세종시에 가면 아직도 쿵쾅거리며 끊임없이 공사가 이뤄지고 있다. 수년 전에 투자 해놓고 아직까지 수익을 이루지 못한 공실들이 많다. 하지만 세종시란 믿음이 투자자를 계속 몰려오게 한다.

지금은 이래도 나중에 큰 돈을 만들어 줄 것이라는 입지와 환경에 대한 정보를 잘 표현해야 주목을 받는다. 형식적으로 사놓으면 돈 된다는 수준이 아니라 왜 돈이 되는지 이유를 적나라하게 설명해줘야 한다. 지금 안사두면 손해날 것 같은 스토리가 장착 되었을 때 마치 홈쇼핑 물건을 사듯이 끌려 온다. 물론 사실을 말할 뿐이다. 그런 정보는 이미 회사 전단지에 다나와 있다. 그것을 잘 표현해서 고객의 심리에 맞게 풀어가느냐가 답이다.

좋은 글 고객을 당기는 글은 하루 아침에 이뤄지지 않는다

쉽게 매력있는 글, 돈이 되는 글을 쓰려면 배워야 한다. 글과 말은 자기가 아는 만큼 하고 쓰게 되어 있다. 배움이 짧으면 항상 그말이 그말이다. 글은 네가지의 조직으로 이뤄져 있다. 이 조직이 잘 안된 글은 횡설 수설이며 지면만 채우다 만다.

글은 첫 번째 확장력으로 이뤄진다. 확장력이 좋은 글은 고객들로 하여금 꿈을 부풀게 한다. 예를 들어 이 상가와 아파트를 사면 후일 어떤 일이 일어날 것인지에 대해 확장시키는 기술이다. 첫번 째 금전적 차익이 많아지는 것, 두 번째 자녀 교육학군으로써 좋은 혜택, 넷째 교통의 요지 등 이런저런 유익을 펼쳐 나가는 것을 확장력이라 한다.

이 확장력이 좀더 치밀하고 많아지면 고객의 마음을 잡게 된다. 학군으로 볼 때 특목고나 대학이 들어온다든지 그들이 들어오면 상권과 인프라가 어떻게 형성되는지설명해 주면서 이에 대한 유익을 풀어 준다. 이런 소상한 확장력이 글의 중독으로 이끌어 준다. 중독을 하면 믿음을 가지게 된다.

두 번째는 조직력이다. 글이 잘 조직되어 있지 않으면 횡설 수설 중언부언이 된다. 좋은 글은 시작도 명쾌하고 뒷끝도 깔끔하다. 이런 기분을 느끼면 신뢰감을 갖게 한다.

장난스런 유행어 어투나 막 던져 보는 글은 독자를 밀어내기 충분하다. 조직력은 왜? 그렇게 될 수 밖에 없는지를 잘 설명해 주면서 최고의 주제인 수익에 대한 것에 몰입하도록 글을 몰아 쓰는 것이다. 여러 가지 설명을 들어가다 최종적 결론은 한가지로 나게 하는 것이 조직력이 좋은 글이다.

마지막으로 글감과 문법인데 글감이란 읽기 좋고 편한 글을 말한다. 문법은 깔끔한 마무리를 가져다 준다. 이런 공부는 끊임 없이 해야 한다. 학창시절 국어 공부가 낮고 글솜씨가 없다고 낙담하지 마라. 배우고자 하는 사람에게는 항상 길이 열려 있다. 전문 글쓰기 코치를 받아 보는 것도 좋은 방편 중 하나다. 성공이란 갑자기 뚝딱되는 것이 아니다. 열정과 노력의 퍼즐이 모여 어느 순간 터지는 것이 성공이다.

사람에게는 두 가지의 인생 포인트가 있다. 첫째는 터닝 포인트고, 둘째는 티칭 포인트다. 터닝 포인트란 반환점을 도는 포인트다. 이것을 즉시 변화라고 한다. 당신이 마음만 먹으면 당장 변화가 가능하다. 글쓰기를 배울 수 있고 블로그를 배우며 인터넷 전문가의 길을 당장 시작 할 수 있다. 이런 저런 것이 모여 어느 순간 터지는 것을 티칭 포인트라 한다.

이후부터는 고수익이 지속되며 인생 꽃길을 걷게 된다. 티칭 포인트가 되기 위해서는 당장 당신의 터닝 포인트를 시작해야 한다.

정보화 시대의 고수익은 끊임 없는 자기 개발이다

블로그 분양고수익을 위해서는 끊임 없는 자기 개발이 필수다. 자기 개발이란 현실에 안주하지 않음을 말한다. 시대가 요구하는 트렌드를 따라잡아야 한다. 현시대는 온라인의 시대, 정보화 시대다. 옛날 5일장 시대로 들어가서는 곤란하다. 해외 직구를 통해 2주면 문앞에 상품이 도착한다.

"이런 것이 귀찮아 나는 그냥 집앞 수퍼에서 사 먹을래!" 하는 사람은 평생 그 동네를 벗어나지 못한다. 해외직구를 하면 TV도 최대 200만 원 이상 싸게 구입을 한다. 어디 그뿐이랴? 세상에 보지도 듣지도 못한 희안한 건강식품들을 구할 수 있고 명품을 배나 싸게 구하기도 한다. 단순 소비자 일 때도 그러할진대 당신이 사업자라면 문제가 더욱 달라진다. 당신의 시장이 동네에서 전국구로 변하는 것이다.

한 예를 들어보자. 국내 출판 시장은 등록 출판사가 4만개, 한 권이라도 출판한 회사는 300개에 불과하다고 한다. 글쓰는 작가는 이 시장을 통해 가치를 창출해야 한다. 그에 비해 일본이나 미국 아마존 출판은 우리나라의 열배, 백배에 달한다. 앞서가는 작가들은 아마존 출판을 통해 전 세계에 자기 책을 낸다. 그러자면 영어를 알아야 하고 출판 등록 방식을 알아야 한다. 아마존 출판은 전화로 등록을 하는데 영어로 직접 아마존 본사와 연결해 승인을 받아야 한다.

이런 저런 것이 두렵고 어렵다 생각하면 진출하지 못한다. 수많은 명예 퇴직자들이 발생할 이유는 무엇일까? 그들이 트렌드를 따라 잡지 못했기 때문이다. 좋은 회사를 들어가기 위해 많은 공부와 노력을 했을 것이다. 남들이 한다는 외국어도 몇 개 배웠고 컴퓨터 활용이나 여러 가지 경제 지식도 끊임 없이 배웠다. 그런데 왜 명퇴자가 되었을까? 그것은 사회에서 요구하는 적정 수준의 자기 개발을 이루지 못했기 때문이다.

즉 흐름을 따라잡지 못했기 때문이다. 자신기 귀한 존재의 가치라면 현재 회사는 물론 다른 회사에서도 스카웃하기 위해 열을 올린다. 결국 가치를 하락시키는 것도 올리는 것도 자기 몫이다.

Part.2
실전기법

5. 블로그, 카페, 지식인, 포스트 차이점은?

BLOG MARKETING

5-1 갈수록 경쟁이 치열해지는 블로그 ▼

사람들이 블로그, 블로그 하는 이유는 바이럴광고가 블로그로 시작했다고 해도 과언이 아닐 만큼 큰 비중을 차지함도 있지만, 로직의 변화로 마구잡이식 블로그로는 노출이 힘들어진 현시대의 트렌드 때문이기도 하다.

사람들은 분양현장에 들어가서 "너 이번에 블로그 할거야?"라는 표현을 많이 하지만 사실 이 표현은 잘못된 표현이다. "너 이번에 온라인광고 할거야?"라는 표현이 가장 적합한 표현이라고 말하고 싶다.

부동산 분양관련 온라인광고는 당신이 생각하는 그 이상으로 종류가 다양하고 폭넓다. 현장의 종류에 따라 효율이 좋은 광고방식을 선택해야 하며, 파워링크, 블로그탭 공략, 파워컨텐츠 광고, 모바일 광고, 카페나 지식인 광고 등 각 온라인 광고의 종류에 대해서도 어느 정도는 알고 있어야 이러한 경쟁구도에서 살아남을 수 있다.

블로그분야는 너무나 과열되고 경쟁이 지속되고 있어서, 포털사이트 측에서도 계속해서 광고패널티를 부여하고 있다. 바이럴업체들이 죽어나가고 있는 상황에, 수요는 계속 많아져 광고단가가 올라가고 있는 실정이다.

분양상담직을 한두 번 하고 그만둘 분이 아니라면 같은 가격에 고효율의 광고를 계속해서 연구하고 배우고, 준비해서 변화에 대응해야 할 것이다.

여기서 로직의 변화를 주목해야 한다. '로직'이란 포털사이트의 상위노출 기준을 말한다. 그들의 기준에 따라 블로거들과 바이럴 마케팅 회사는 울고 웃는다. 바이럴 마케팅 회사와 일부 블로거들의 꼼수를 차단하기 위해 네이버는 끊임 없이 로직변화를 시도한다. 옛날 패턴으로 블로그 작업을 했다가는 낭패를 당할수 있다. 주변에도 이미 문을 닫은 바이럴 마케팅 회사가 허다하다. 로직에 대비하지 못한 탓이다.

초기 블로거 마케팅으로 재미를 보던 때는 옛날이야기라고들 한다. 하지만 사람 사는 곳에는 다 방법이 있게 마련이다. 모든 것은 사람이 하기 때문이다. 수시로 변하는 로직을 연구하고 데이터화해서 따라잡아야 한다. 포털사이트는 여러 온라인 통로를 계속 시도하고 있다. 어떤 때는 지식인 검색을 우선 순위 노출로 할 때가 있는 반면 포스트가 많이 노출되게 할 때도 있다. 이런 저런 통로를 다각도로 살피고 데이터를 수집해야 한다. 그리고 적재적소에 온라인 마케팅을 펼쳐 나가는 것이 바로 블로그광고의 성공 핵심이다.

5-2 카페, 지식인은 나도 할 수 있다 ▼

가끔 현장을 검색하다 보면, 블로그글이 아닌 카페글이 광고로 올라오는 것을 확인할 수 있다. 카페도 블로그와 비슷한 개념인데 정보를 취득하는 방법과 광고를 실행하는 방법을 몰라 배제하는 경우가 많다.

몇몇 업체는 카페광고에 대한 많은 경험과 노하우를 가지고 있어 포털사이트 변화에 빠르게 대응하며 카페세계를 점령하고 있다. 기회가 된다면 포털사이트 카페에 대해 공부해보는 걸 추천한다.

너무 방대한 지식과 전문분야라 책에 담기는 힘들지만 우리 주변을 조금만 둘러보면 많은 사람들이 카페에 대해 연구하고 있으니 좋은 인연을 기대해 보는 것도 좋다. 실제로 '블로그가 아닌 카페만으로 온라인 정복하기'라는 컨텐츠가 있을 정도이니 말이다.

블로그에 최적화 블로그가 있다면, 카페에는 최적화 카페가 있다. 각 분야별로 상위노출이 잘되는 카페를 육성하고, 그 육성된 카페에 일반 아이디가 아닌 최적화 아이디를 사용해 상위노출을 시키는데, 이 로직의 기본틀은 꾸준한 포스팅과 활동성을 기반으로 한다.

카페활동을 다양하게 한 아이디와 검색유입, 기본 활동성지수가 뒷받침되는 카페를 찾아두는 것이 하나의 방법이 될 수 있다.

5-3 이제는 포스트의 시대다 ▼

온라인 트렌드의 변화는 이미 시작되었다. 사실, PC시대에서 Mobile시대로 넘어가는 과도기 SNS의 부상은 미리 예견되어 있었다. 이미 현실이 된 트렌드의 변화에서 포털사이트도 점점 모바일 기기에 간편한 플랫폼에 집중하고 투자하고 있다. 포스트 역시 그 축에 속한다. 기존 블로그, 카페와는 약간 차이를 두며 실제로 전국에 제대로 된 로직을 설명할 줄 아는 사람은 거의 없는 수준이다.

큰 차이를 간략히 설명하자면, 기존 블로그나 카페의 방식은 유입과 체류에 의한 전문성이었다면 모바일 기반의 플랫폼 특성은 재방문과 연결고리(팔로워, 공감) 등이라고 말할 수 있다.

그만큼 채널의 중요성이 부각되고 있고 분양판에서의 단순한 온라인광고에서 더 나아가고 싶다면 새로운 플랫폼에 대한 공부와 노력, 시간투자가 필요할 것이다.

페이스북과 인스타그램이 아직은 부동산, 분양광고에 이용하기에 그 효과가 미미하지만, 시대가 흐름에 따라 앞으로 SNS와 포스트 등 모바일을 기반으로 하는 플랫폼의 부상은 이미 시작되었기 때문에 습관적으로라도 플랫폼에 익숙해질 필요가 있다.

포스트는 블로그와 함께할 또 하나의 무기다

블로그를 운영하기 힘들다고들 한다. 매일 한두 개의 글을 올려야 하고 노출이 잘 되게 하려면 여러 가지 폼을 맞춰야 한다. 대부분 블로그를 포기한 사람들은 공력에 비해 효과가 적기 때문이다. 블로그와 병행해 강력히 추천하는 것이 포스트인데 여기에는 몇 가지 장점이 있다.

첫 번째, 모바일 환경에 노출이 최적화된다. 검색을 할 때에 블로그보다 노출빈도가 높다는 의미다. 같은 글이라도 블로그보다 포스트가 유리할 수 있다. 또한 아직은 블로그에 비해 경쟁자가 적은 편이다. 노출이 많고 경쟁자가 적으면 그만큼 유리하지 않겠는가?

두 번째, 포스트는 타깃 고객을 노릴 수 있다. 블로그는 불특정 다수에게 노출이 된다. 포스트는 전문성이 있어 특정 분야에 집중하게 된다. 한마디로 실수요자를 찾는데 유리하다는 말이다. 블로그는 멈출 수 없는 온라인 통로지만 포스트 역시 떠오르는 강한 도구다.

일반 아이디가 아닌 최적화 아이디를 사용해 상위노출을 시키는데, 이 로직의 기본틀은, 꾸준한 포스팅과 활동성을 기반으로 한다.

카페활동을 다양하게 한 아이디와 검색유입과 기본 활동성지수가 뒷받침되는 카페를 찾아두는게 하나의 방법이 될 수 있다.

Part. 3

제3장

블로그업체의
진실과 생태계

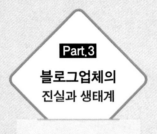

Part.3

블로그업체의
진실과 생태계

1. 분양판 광고업체의 시스템

BLOG MARKETING

1-1 바이럴광고업체란? ▼

'바이럴(viral)'이라는 단어의 사전적 의미는 '바이러스성의, 바이러스처럼 퍼지는'이다. 이를 토대로 만들어진 바이럴 마케팅(viral marketing)이라는 단어는 누리꾼이 이메일이나 다른 전파 가능한 매체를 통해 자발적으로 어떤 기업이나 기업의 제품을 홍보하기 위해 널리 퍼뜨리는 마케팅 기법으로 컴퓨터 바이러스처럼 확산된다는 뜻을 가지고 있다.

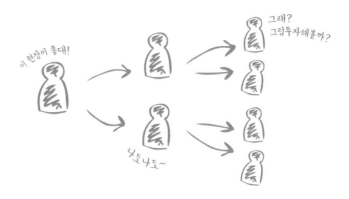

[바이럴마케팅의 개념정리]

풀어서 말하자면, 오프라인상의 홍보가 아닌 온라인상의 홍보라고 이해하면 조금 더 이해가 쉬울 듯하다. 이러한 온라인상의 홍보를 대신해 주는 업체가 바이럴광고업체이며 우리나라에는 수천 개의 바이럴 광고업체가 존재한다.

그 분야 또한 천차만별이며 워낙 점조직 같은 소규모 업체들이 많아 실제로 홍보를 맡기려는 사람에 대한 신뢰를 확인할 수 있는 방법 자체가 없다. 그래서 대부분 당했다는 생각이 들 정도로 비싼 가격에 계약을 진행하거나 약속했던 광고를 해주지 않고 광고비만 받고 잠수하는 등의 사건사고가 많이 터진다. 워낙 광고 분야가 다양하다 보니 각 분야에 뛰어난 업체들을 찾는 것 또한 쉽지가 않다.

영업이 생명인 영업조직의 경우, 이런 업체를 알고 있는 것만으로도 본인의 무기가 될 수 있고 그러한 정보는 남들이 부러워할 만한 정보이다. 이는 바이럴광고가 일반인들에게 익숙치 않음도 있지만, 업체들의 방식자체가 순위조작 등 평범한 방법이 아니기 때문이기도 하다. 그래서 우리는 이러한 바이럴업체의 생태계를 잘 파악하고, 나에게 맞는 업체와의 관계를 계속해서 유지해 나갈 필요가 있다. 자본주의 사회에서의 정보력은 또 하나의 자원이기 때문이다.

BLOG MARKETING

1-2 분양 블로그광고의 역사 ▼

　초기 분양광고는 포털사이트의 파워링크로 시작했다. 포털사이트가 사람들의 일상생활을 지배해 갈 무렵, 분양상담사들도 포털사이트의 검색광고에 많은 투자를 하였다.

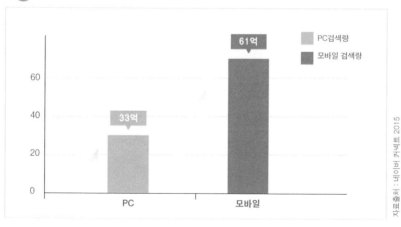

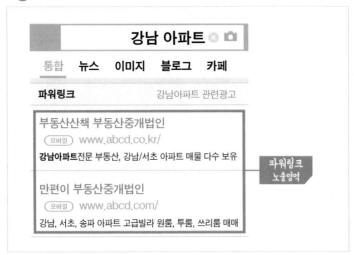

(N) 네이버 검색광고 [**파워링크**]란?

파워링크란? 노출에 대한 광고비는 지불하지 않고, 클릭하여 고객이 방문한 경우에만 광고비를 지불하는 종량제 방식의 키워드광고입니다.

하지만 시간이 갈수록, PC에서의 검색보다 모바일에서의 검색이 늘어남에 따라 포털사이트에서 제공하는 파워링크만으로는 고객에 대한 유입을 확신할 수 없는 상황이 벌어지고 있다.

가끔 뉴스를 보면 맛집이나 병원, 미용실 등의 이용 후기나 리뷰 글 순위를 조작하여 사회적 문제를 야기했다는 기사를 접할 수 있다. 이는 통합검색 영역과 리뷰 영역에서의 순위조작을 통해 광고효과로 이용하고 있는 바이럴업체에 대한 얘기이다.

통합검색이란? 키워드를 검색했을때 보다 빠르고 정확한 정보의 전달의 위해 제일 첫 페이지에 노출되는 영역을 말합니다.

분양오더는 이렇게 통합검색 영역 노출에 성공해야만 메리트가 있다. 실제로 모델하우스에 방문하는 고객의 8~90% 이상은 인터넷, 모바일을 통해 그 상품을 검색 또는 정보수집을 한 번 이상 해봤다는 통계치로 확인할 수 있는 사실이다. 분양광고 영역이 파워링크에서 통합검색 영역으로 이동하면서, 업계에는 정말 수많은 일들이 있었다.

그 역사에 대해서만 책을 한 권 내도 모자를 정도로 방대한 이야기지만, 여기서 우리가 주목해야 될 점은 역사를 통해 앞으로의 미래를 예측할 수 있어야 된다는 점이다.

파워링크 - 통합검색 - SNS의 시대를 밟고 있지만, 다른 분야와는 조금 다르게 고객 연령층이 비교적 높아서 변화의 속도가 더딘 분양광고도 결국에는 모바일SNS 시대에 접어들 것이다. 우리는 남들보다 빨리 그 시대를 준비해야 한다.

온라인 광고, 이제 모바일이 대세다

모바일마케팅을 통해 8개월 만에 억대 연봉자가 된 여성이 있다. 그녀는 아기 양육과 업무를 동시에 해야 했다. 바쁜 와중에도 손에서 스마트폰을 놓지 않고 끊임없이 모바일로 작업을 했다.

모바일로 작업하는 사람이 있으면 모바일로 모든 것을 보는 사람들이 있다. 그녀가 모바일 마케팅을 공부하지 않았더라면 분유값을 걱정하는 평범한 주부에 불과했을 것이다. 결국 노출에 따라 소득이 이뤄지는 검색 시스템에서 모바일 노출은 일반 PC 노출보다 몇 배 앞선다. 그렇다면 당연 모바일을 연구해야 하지 않겠는가?

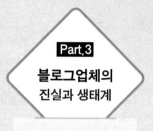

2. 실력 있는 광고업체
선정의 지름길

2-1 블로그 분양광고가 비쌀 수밖에 없는 이유는? ▼

어떤 좋은 상품이 있다 하자. 물건은 1개인데 원하는 사람은 1,000명이다. 그러면 1,000대 1의 경쟁률이 생긴다. 마치 오디션 프로그램과 같다. K-POP 가수를 뽑는 오디션 프로그램은 최대 60만 명 대 1의 경쟁률까지 보인 경우도 있었다. 60만 명 중에서 뽑힌 가수는 음반제작과 함께 각종 프로그램에 나가며 인기인으로 살게 된다.

한마디로 평범한 삶이 상위 1%의 삶으로 변한 것이다. 블로그 분양광고도 마찬가지다. 전문적 분양광고를 들어가려면 그러한 경쟁률의 회사를 만나야 하거나 그들에게 광고를 해야 한다.

한국에는 수백 수만의 바이럴 광고업체가 있다. 바이럴 광고업체라 해서 모든 광고를 잘 한다고 할 수 없다. 성형외과나 병원 광고를 잘 하는 회사가 있는 반면, 학원이나 교육쪽 광고를 잘하는 회사가 있다.

같은 값이면 그런 전문적 바이럴업체를 만나야 한다. 그렇지 않으면 수백 수천만 원 투자해 놓고 그 가치를 뽑지 못한다. 광고업체에서야 여러 가지 감언이설로 고객을 호도하려 하지만, 여기에 빠져 나중에 보면 쓰지 말아야 할 돈을 많이 썼다는 사실을 알게 될 것이다. 무조건 이름 있고 큰 회사가 일을 잘 하는 것이 아니다.

2-2 그렇다면 어떤 회사가 분양 블로그광고를 잘하는가? ▼

이렇게 예를 들어보자. 바이럴업체 대표가 아파트, 상가, 토지 등 모든 분양판을 직접 뛰고 거쳐 온 분양 사원 출신이라면 어떠할까? 그는 단순히 정보 노출의 단계를 넘어 고객들이 어떤 욕구를 가지고 있는지 안다.

노출의 사기에 속지 말아야 한다. 이전에 말한 적도 있지만 고객들은 노출을 보고 상품을 결정하지 않는다. 고객은 노출과 함께 끊임없이 더 깊은 내용의 진솔한 정보를 찾아 헤맨다. 그때 고객의 눈에 띤 정확하고 진솔한 부동산의 정보는 결국 전화를 걸어오게 하고 내 방으로 고객을 오게 만든다. 이렇게 노출을 동반한 진솔한 내용의 글은 블로그 분양광고의 핵심이다. 우선 노출에 대해 이야기를 해보자.

네이버를 비롯해 포털 사이트 관계자들은 날마다 눈을 부릅뜨고 밤낮으로 검색 현장을 감시한다. 바이럴 광고업체가 부리는 꼼수를 막고자 그렇다. 그들은 강력한 로직 프로그램으로 순위조작이 힘들게 세팅을 한다.

예를 들어, '강남 맛집'이라는 키워드는 순위조작에 많이 이용되는 키워드라는 것을 누구나 안다. 그것을 아는 네이버는 로직을 통해 진입을 어렵게 만들어 놓았다.

바이럴업체와 네이버 간의 전쟁은 끝이 없다. 서로 앞서거니 뒤서거니 하며 순위조작과 대응 싸움을 한다. 네이버는 사람들이 많이 검색하는 키워드를 알고 감시하는 끈을 놓치지 않는다.

그런데 분양광고는 어떤가? 네이버에서 감시하는 업체 중 분양 블로그 광고를 하는 업체는 현재까지 아주 미미하다. 한마디로 감시의 틈이 허술하다는 것이다. 그렇다면 웬만한 분양 검색은 금방이라도 상위 노출을 시킬 수 있지 않을까? 그런데 결과는 그렇지 않다.

나는 방금 전 노출과 글의 내용이 모두 중요하다고 강조했다. 분양광고에서 노출은 기본이고 더 중요한 것은 글의 내용이다. 분양에 특화된 글을 쓸 수 있는 업체는 그리 많지 않다. 전국에는 수백 개의 분양 현장이 있다. 그리고 수백 수천 명의 분양 사원과 관계자들이 뛴다.

그들이 블로그 분양광고의 효과를 알아가고 있다. 그래서 너도 나도 블로그 분양광고 문의를 해온다. 그런데 분양 블로그광고를 전문적으로 하는 회사는 전국에 10개 업체도 되지 않는다. 그것도 특화된 기사를 쓰는 회사는 세 손가락으로 꼽을 정도다. 만일 똑같은 가격이라면 당신은 어떤 업체에게 의뢰할 것인가?

① 제법 이름이 있지만
분양전문 바이럴업체가 아닌 경우

② 분양 블로그광고를 제법 하지만
분양전문업 출신이 아닌 경우

③ 분양상담사 출신으로
바이럴업체를 운영하는 경우

의뢰 효과는 3번, 2번, 1번 순일 것이다. 1, 2번은 어느 정도 노출 효과는 있으나 고객의 정확한 욕구를 반영한 글을 쓰지 못한다. 3번은 노출과 욕구를 충족시켜 준다. 그런데 이런 업체는 대한민국에서 손꼽을 정도다.

나는 정말 분양의 밑바닥부터 출발한 현장 출신 분양전문가다. 누구보다도 분양현장에 대해 잘 안다. 현재 수백 군데 분양현장 중 내 회사가 담당하는 분양현장은 120군데에 이른다. 그 외 현장 분양상담사 3천여 명 이상과 소통을 하면서 정보를 교류하고 있다.

허나 더 직원을 충원하지 않는 이상 블로그광고대행을 확장하는데 한계가 있다. 며칠 전에도 직원을 뽑기 위해 세 명의 면접을 봤다. 외주를 주는 경우만 해도 십여 명이 넘는다. 이렇게 확장을 해서 회사를 늘리지 않는 한

한계가 있는 것이다. 하지만 오너 입장에서는 현재 잘 된다고 무작정 회사를 키울 수만은 없다.

어떤 업종이든지 밝음이 있으면 어두울 때가 있기 때문이다. 그것까지도 대비하는 것이 오너의 역할이다. 결국 수많은 분양광고 의뢰가 오면 회사 입장에서는 선별을 하거나 단가가 높아질 수밖에 없다. 분양 블로그광고가 비싼 이유는 확실한 전문 분양 블로그광고 회사가 전체 바이럴업체의 10%도 채 되지 않기 때문이다.

만일 당신이 100만 원을 투자해서 1,000만 원을 벌 수 있다면 투자하겠는가 안하겠는가? 안하면 바보일 것이다. 그만큼 분양전문 블로그업체는 확률을 가지고 있다. 확신과 확률이 있으면 단가는 높아지기 마련이다. 오늘 이 순간에도 수많은 바이럴업체들이 섰다가 무너지고 있다. 그 이유는 무엇일까? 네이버가 만만하지 않기 때문이다.

경부 고속도로를 타고 서울로 입성하면서 보면 휘황찬란하게 불을 밝힌 초록색의 네이버 건물이 있다. 하늘까지도 밝게 24시간 불이 켜져 있는 것을 볼 것이다. 네이버 정책에 따라 무너지고 눈물짓는 업체가 하나 둘이 아니다. 바이럴업체들은 좋은 시절 다 지나갔다고 한숨이다.

대구의 어느 바이럴업체 사장은 견디다 못해 회사 문을 닫고 전혀 관계없는 원룸 중개업자로 나섰다. 즉, 이직이 많이 늘어난 것이다. 검색 후 노출이 상위에 뜨는 것은 쉬운 일이 아니다. 하지만 상위 노출이라고 확실한 수입을 보장해 주지는 않는다.

부산에서 제법 잔뼈가 굵었다는 원룸 전문가가 있다. 그는 카페를 운영하면서 자칭 '부산원룸'을 검색하면 최상위에 검색이 된다고 한다. 매일 전국에서 연락도 온다. 하지만 이는 수익하고는 별개라 한다. 실제적 수익으로 이어지려면 고난도 수준의 글을 써야 한다. 한마디로 고객의 욕구에 맞는 글이다. 그것은 현장에서 잔뼈가 굵은 분양전문가, 그중에서도 연구를 한 전문가만이 할 수 있는 일이다.

전국에서 상위권의 분양현장을 잡고 있는 블로그광고업체의 특징은 흔히 말하는 '황금 키워드'를 구사할 수 있는 능력을 가진 회사다. 이 황금 키워드는 네이버에서 제재하지도 못한다. 네이버 로직에 걸리지 않는다. 왜일까? 아까 말한 것처럼 맛집이나 성형외과, 임플란트 등 노출 빈도가 높은 대표 키워드 등은 제재에 많이 걸린다. 그래서 힘든 것이 사실이다.

하지만 분양이란 현장이 열릴 때마다 새로운 키워드가 생긴다. 그래서 포털 사이트에서는 빠른 대응을 하지 못한다. 이런 틈새를 잘 아는 전문 분양 블로그광고사는 효과를 볼 수밖에 없다. 단, 그 생리를 알고 전문적 분양상담사 출신이 있는 업체의 경우에 한해서다. 이런 업체를 만나면 한 현장에서 수천만 원 이상의 수익을 얻을 수도 있다.

어떤 광고업체를 택해야 대박 터지나?

분양판에서는 시작과 동시에 대부분 대박을 노린다. 허나 시간이 지날수록 대박은 커녕 모든 것을 운칠기삼으로 돌린다. 실제 돈 한 푼 못 벌고 떠나는 사람들이 반수 이상이다. 일비만 받고 짧게는 한 달, 길게는 6개월 이상 버티는 분양 사원들은 팀장이나 본부장들의 전단지 현수막을 붙여 주는 노동자로 전락하고 만다. 운 좋게 한 건해서 몇 백이라도 손에 쥐면 그나마 다행이다. 그렇지 않은 사람들은 시상식의 박수부대로 끝나고 만다. 이런 쪽박판이 안 되게 하려면 어떻게 해야 하나?

제대로 된 분양 블로그광고를 하라고 권한다.

제대로 된 업체를 찾아 블로그 분양광고를 하면 반드시 효과를 볼 수 있다. 문제는 광고에 대한 신뢰도다. 분양광고는 일정의 광고비가 든다. 상황에 따라 액수는 천차만별이다. 일단 내 주머니에서 나가는 것이기 때문에 광고업체가 믿음성이 없으면 한 번의 실험으로 끝나게 된다. 광고가 실험이 아닌 분양영업의 효자 노릇이 되게 하려면 제대로 된 업체를 찾아야 한다. 대박은 둘째치고 최소한 쪽박은 차게 하지 말아야 한다.

사업자 등록증도 없는 업체는 선택하지 마라

설마 바이럴 광고 회사가 사업자 등록증도 없을까? 의심 할 수 있다. 인터넷을 뒤져 보면 사업자 등록 없이 수많은 마케터들이 수십 수백만 원을 받으며 컨설팅 해주는 것을 볼 수 있다. 그들이 나쁘다는 것이 아니다. 나중에 문제가 생겼을 때 최소한은 책임을 물어야 한다. 그렇기 위해서는 책임을 질 수 있는 업체와 계약을 해야 한다.

사업자 등록을 냈다는 것은 혼자가 아닌 직원을 구성하고 시스템을 통해 일사분란하게 움직이겠다는 표현이다. 시스템이 구성된 업체와 그렇지 않은 곳과는 여러 방면에서 차이가 난다. 바이럴 마케팅은 시간과의 싸움이다. 어떤 때는 끼니를 거를 때가 있을 정도다.

그 시간을 대처하려면 순발력 있는 인력이 포진하고 있어야 한다. 글을 전문적으로 쓰는 전문가, 그래픽을 전문적으로 하는 디자이너, 실시간 검색 전문 담당 등 한 두 가지가 아니다. 사업자 등록증도 없는 업체는 대부분 이런 시스템을 구성하지 않았다고 본다. 직원이 서너 명만 구성 되어도 당장 4대 보험을 실행해야 하고 고용 노동부의 관리 아래 들어간다. 시스템은 최소한의 책임을 질 수 있는 시스템이기 때문에 사업자 등록증을 한 업체 선택은 필수다.

키워드를 쓰는 것을 보고 전문 업체인지 아닌지 분간할 수 있다

수많은 광고업체들이 있지만 분양광고를 전문으로 하는 업체인지 아닌지를 파악하는 유일한 방법은 현재 진행 중인 키워드들의 상태를 파악하는 일이다. 내 주변을 조금만 훑어봐도 경쟁이 치열한 현장들을 확인할 수 있다. 혹시 그 현장에 키워드들을 진행하고 있는지, 어떤 식으로 진행하는지를 확인해 보자. 업체들 간에도 자존심이 있고, 함부로 거짓말을 할 수 없기 때문에 선불리 거짓정보를 말해주지는 않을 것이기 때문에 업체를 비교분석하는 충분한 지표가 될 것이다.

웬만하면 [지역 + 키워드]의 메인키워드를 확인해라. [지역 + 키워드 + 홍보관] 등의 서브키워드를 자랑하는 업체라면, 신중하게 생각해 보자(심층 질문).

2-3 자체 블로그를 운영 중인지를 확인하라 ▼

　내가 하는 교육 중에는 보유 중인 블로그, 제휴 중인 블로그, 단발성 건 바이에 대한 개념을 설명하는 부분이 있는데, 현재 분양광고를 하는 대부분의 업체는 자체적으로 회사에 보유하고 있는 블로그가 아닌 조금 더 큰 회사에 일정 비용으로 주고 맡기는 단발성 건 바이를 이용하는 업체라고 보면 된다.

　이를 중간업자라고 보면 이해가 쉬울 것이다. 그럼 당연히 가격도 올라갈 테고, 자유로운 포스팅이나 시간의 제약을 받기 마련이다. 물론 이렇게 건 바이 개념으로 진행하면서도 고객과 신뢰를 중요하게 생각하며 운영을 제대로 하는 업체도 있다. 하지만 오래갈 수 있는 업체와 지속적인 관계를 유지하려면 업체에 자체적으로 보유하고 있는 블로그가 있는지, 그 블로그는 무엇인지 꼭 확인하자.

　경쟁이 정말 치열한 현장에 상위노출이 되어 있는 블로그를 자세히 확인하자(포스팅 문의).

좋은 업체를 찾는 방법은 여러 가지가 있다. 영업문자를 통해, 지인소개를 통한 방법이 그것이다. 하지만 가장 확실한 방법은 경쟁이 치열함에도 불구하고 현재 광고이행을 잘 하고 있는 업체를 알아내는 것이다. 이는 위의 자체 블로그를 보유하고 있는지를 확인하면서 그 블로그에 연락처로 연락하는 방법과 이어진다.

수많은 업체들이 있지만 실행사가 있고, 대행사가 있고, 대대행사가 있고, 대대대행사가 있듯 광고업체도 마찬가지다. 심지어 고객에게 10만 원에 광고를 받아와서 실행 사에 6만 원만 주고 중간에서 4만 원만 남겨먹는 업자들도 있다. 무작정 저렴한 업체를 찾기보다 상위노출 되어있는 블로그의 연락처로 문의해보자. 단가가 비쌀 진 몰라도, 적어도 그 단가가 평균 시세 임에는 틀림없다.

2-4 광고는 아는 만큼 싸게 할 수 있다 ▼

광고는 왜 하는가? 효과가 있거나 기대하기 때문이다. 하지만 효과가 있는 광고는 대부분 생각 이상으로 비싸다. 엄두도 내지 못하는 금액일 수도 있다.

성형외과 같은 경우는 일반인이 상상을 초월할 정도로 광고비가 높다. 그러나 대부분의 분양 블로그광고주는 영세한 영업사원이나 팀장이다. 수백 수천만 원을 힘있게 턱턱 쓸 재력이 있지 않다. 대행사나 되면 몰라도 말이다.

대행사가 크게 쓰는 광고는 신문광고와 지역 TV광고 또 지역 버스광고판 등이다. 하지만 고객의 콜이 와도 내 차례가 매번 오는 것은 아니다. 순번제로 그야말로 운이 좋으면 한 건 하는 것이고 아니면 말고다. 이것에 자신의 영업을 전부 걸 수는 없다.

자신의 통장을 두둑이 채워줄 전문적 개인 광고가 있어야 한다. 그것이 개인 블로그광고다. 이 광고를 보고 오면 모두 자신의 몫으로 떨어진다. 메리트가 있는 만큼 최소한의 투자가 필요하다. 욕심은 나는데 투자할 금액에 한계가 있다면 광고를 싸게 하는 특급 노하우를 배우면 된다.

광고업체는 어수룩한 광고주를 좋아한다. 뭐가 뭔지 모르지만 한번 해보자 하는 광고주를 그들은 금방 알아차린다. 그들은 일은 쉽게 하고 책임은 광고주에게 떠넘기는 수법을 쓴다. 한마디로 적당히 작업해 주고 받을 것은 다 받는다.

문제는 이런 사실을 광고주는 모른다는 것이다. 모르면 당하게 되어 있다. 당신이 블로그광고를 통해 본격적으로 수익을 창출하고 싶다면 블로그와 광고에 대한 공부를 시작해야 한다. 이를 위해 용어나 해설에 관련된 지식을 쌓길 바란다. 블로그광고라는 것이 시시각각 변하기 때문에 전문 회사 직원 외에는 사실 실제적 노하우를 알 수 없다.

하지만 최소한의 지식을 가지고 있으면 광고업체는 광고주를 함부로 하지 못한다. 나중에 들통나서 당할 일들에 대한 두려움이 있기 때문이다. 이용당하지 않게 미연에 방지하기 위해서는 블로그 지식을 쌓는 것이 좋다. 배우고자 하면 얼마든지 배울 수 있다.

네이버 자체에서도 교육을 해주고 있고 좋은 유료 교육이나 동영상이 널려 있다. 문제는 본인의 의지다. 만일 당신이 키워드에 대한 확실한 이해를 하고 업체에 의뢰 했다면 비용 견적을 낼 때 갑의 입장에 설 수 있다. 광고 단가를 낮추기 위해서는 키워드 선택과 뚜렷한 목표 설정을 업체에게 말해줘야 한다. 그래야 그들이 꼼짝 못한다.

예를 들어보자. 한 업체에 "강남구 홍길동 현장에 들어갈 것인데, 블로그좀 잡아주세요. 키워드는 알아서 잡아주시고, 좀 싸게 좀 해주세요!"라고 부탁하는 것과 "강남구 홍길동 현장에 들어갈 건데 직원이 한 200명 투입되어 메인키워드 한 개 잡는 것보다 서브 키워드로 역삼 홍길동, 역삼홍길동 두 개 키워드를 작업하고 싶고 현장 투입에 기간은 4~50일 정도 예정이니 그 정도 기간과 소요되는 비용을 견적 좀 내주세요."라고 얘기하는 데는 엄청난 차이가 있다.

업체들은 광고를 모르는 사람에게는 최대한 경쟁하기 쉬운 키워드로 많은 가격을 요구하고, 콜이 뜨지 않는 다면 본인이 선택한 키워드니 본인의 책임이라고 주장한다. 이는 핫도그를 판매하려는 사람에게 재료는 판매해 놓고 핫도그를 만드는 방법을 알려 주지 않는 것과 같다.

지식을 많이 갖추고 있으면 업체에서도 광고비에 거품을 넣을 수 없다. 이 고객은 잘 아는 고객이니 적당선 에서 확실하게 작업을 해줘야겠다라는 경각심도 부여받고 더 나아가 내가 원하는 키워드로 목표를 설정할 수 있기 때문에 방대한 지식을 겸비하여 거품 낀 광고를 피하자.

Part. 4

제4장

우리의 일으로 만드는 공동

몸은 밥상도 다른다

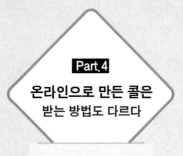

Part. 4
온라인으로 만든 콜은
받는 방법도 다르다

1. 블로그광고 보고

전화 온 고객 **이렇게 하면**
계약하러 온다

BLOG MARKETING

1-1 고객 내방을 불러 일으키는 노하우 ▼

　나는 분양 사원 초기 시절 엄청난 발품을 팔면서 열정을 다해 뛰었다. 쉼 없이 전단지 붙이고 현수막 걸고 고객을 불러 오도록 노력했다. 많은 고객들이 내방을 했다. 발품팔이는 어느 정도까지는 효과가 있었다. 하지만 계약으로 이어지지는 않았다.

　대부분 상담과 브리핑은 팀장이 한다. 팀장의 역량에 따라 계약 좌우가 많이 된다. 멘트를 잘하는 팀장을 만나면 소득이 짭짤하지만 그렇지 못한 팀장을 만나면 주머니가 홀쭉해진다. 일단 내방까지 했다는 것은 관심이 있다는 것이다. 주어진 시간 안에 흔히 말하는 '꺾어 줘야' 하는데 그렇지 못하면 그때마다 좌절을 맛본다.

　정말 계약을 잘 따내는 사원은 먼저 전화가 올 때부터 응대 방법이 다르다. 일단 고객이 궁금하게 만들어야 한다. 어투나 말의 강약에 있어 임팩트가 있어야 한다. 급하게 서두르거나 홈쇼핑 호스트처럼 장황하게 늘어놓으면 오히려 내방으로 잘 이어지지 않는다.

첫 번째는 궁금증을 주는 멘트로 시작해야 한다. 그리고 두 번째는 신뢰감이다. 거액이 오가는 계약이기 때문에 고객은 돌다리를 두들기고 두들긴다. 아마 태어나서 의심을 한 경험을 대라면 가장 많이 의심을 해보는 때가 바로 이런 상황일 것이다.

이런 의심 많은 고객을 응대할 때 한방에 불신을 꺾을 수 있는 방법은 무엇일까? 그것은 지역에 대한 해박한 지식을 표현함이다. 초점을 돈이나 허황된 이득에다 맞추면 의심받기 십상이다. 돈이나 이득보다 지역에 대한 정확한 정보를 알려 주는 것이다. 장황한 지역정보가 아니다. 관심 있는 부동산이 가치가 오를 수밖에 없는 지역적 특성과 미래 환경을 말해줘야한다. 그러자면 당연히 지역공부가 필요하다.

고객을 어떻게 응대 하느냐에 따라 움직이는가 안하는가가 결정된다.

세상에는 다양하고 수많은 영업 방식이 있다. 그 방식을 적재적소에 잘 쓰는 자가 영업의 고수다. 카멜레온 같은 영업의 고수들은 영업 방식에 맞추어 자신만의 응대법에 대한 노하우를 가지고 적재적소에 이를 활용한다. 하지만 그렇지 못한 사람들은 한 가지 방식을 여기도 사용하고 저기도 사용한다.

결과의 차이는 당연하다. 분양영업도 이와 마찬가지이다. 오더의 출처에 따라 상담법도 달라져야 하며 어프로치의 방식에 따라 클로징 기법 또한 달라져야 한다.

예를 들어보자.

현수막을 신나게 거치하고, 사무실에 들어왔더니 전화가 두통이 왔다. 한 개는 현수막을 통해 걸려온 전화이고, 한 개는 전단지를 통해 걸려온 전화이다.

현수막 - 강남구에 생기는 마지막 아파트
전단지 - 강남구 홍길동 강남에 짓는 마지막 아파트 선착순 분양

이 두 콜은 분명 출처가 다른 콜이고, 고객의 니즈 또한 다름이 분명하다. 현수막을 보고 전화하는 사람은 기본적으로 궁금증이 앞설 것이다.

- 강남구에 생기는 마지막 아파트가 뭐지?
- 어디에 생기는 걸까?
- 건설사는 어딜까?

등의 궁금증일 테고, 전단지를 보고 전화 온 고객은 이미 어떤 건설사인지, 아파트 이름은 뭔지, 어디쯤 생기는지 정도는 알고 있는 상태일 것이다. 이쯤 되면 당연히 콜을 받는 사원의 응대는 달라져야 함이 맞다. 하지만 내가 수년간 겪어 온 바로는 거의 대부분이 별 차이 없이 응대를 받는다는 사실을 발견했다.

이는 궁금증만 가지고 지역 지식이 없는 고객과 궁금증과 더불어 지역 지식이 해박한 고객의 차이다. 지역지식이 해박한 고객에게 어설프게 지역 소개를 했다가는 신뢰감이 폭삭 망하게 된다.

그런 고객들은 오히려 차분히 고객이 말을 할 수 있도록 들어주고 화답을 해준다. 그러다 부정적인 말을 할 때 그 부분만 짚어 정확히 설명해주면 오히려 계약이 쉽게 이뤄진다. 바쁜 세상에 전화하고 내방까지 해서 불평과 불만만 늘어놓으려고 오지 않았을 것이다. 분명 관심이 있었기에 정보를 알아봤고 더 확신을 가지고 싶어 역질문 하거나 부정적인 말들 던져 확실함을 알아보려는 처사일 뿐이다.

내가 말하고 싶은 것은 타깃이 된 고객과 타깃이 되지 않은 고객의 응대 방식 차이이다.

1-2 계약 저격수(sniper)가 되는 특급 노하우 ▼

타깃은 누가 하는가? 저격수가 하는 것이다. 영어로 '스나이퍼' 저격수는 단 한방에 목표물을 맞혀야 한다. 그렇지 않으면 자신이 위험하거나 죽는다. 분양에 있어 특급 저격수는 누구일까?

첫 번째 타깃을 정확히 파악하는 분양 사원이다. 분양에 있어 타깃이란 바로 고객을 말한다. 새로 시작한 모델 하우스에서는 이벤트를 시작한다. 여러 가지 선물을 준비하고 모델 하우스 탐방을 유도한다.

수많은 아줌마 부대들이 나래비(ならび)로 서 있다. 나도 분양 사원 시절 각휴지와 물티슈를 몇 박스씩 살포 하면서 전화번호를 따냈다. 사실 그런데 영양가가 없다. 대부분의 아줌마들은 흔히 말하는 사은품 사냥꾼들이다. 삼삼오오 단체로 몰려와 한 살림 챙겨 가지고 간다. 희희낙락하며 즐거워하지만 분양 사원에게는 별 즐거움을 가져다주지 못한다.

나래비
'줄을 서다, 줄을 세우다'라고 말할 때 '나래비 서다, 나래비 세우다'라고 쓰곤 하는데 이는 일본어의 '나라비(ならび)'를 말하며 'ㅣ 모음 역행동화'를 일으켜 '나래비'가 됐다.
'나라비'란 한자로는 '아우를 병(竝)'자를 쓰며 일제 강점기 일본인들로부터들어온 말로 우리말로는 줄서기로 순화해서 써야 할 단어다.

한마디로 '원산폭격'을 했지만 그만한 효과는 거두지 못한 것이다. 물론, 그중에 운이 좋게 전혀 관심이 없다가도 계약으로 이끌어낸 사례들은 간혹 있다. 하지만 극히 드물다.

6.25때 미군은 원산을 대대적으로 폭격했다. 그야말로 초토화를 시킨 것이다. 함재기와 구축함 순양함을 비롯하여 주변에 포진하고 있는 포대까지 포함 모든 포를 총동원시켜 무차별 퍼부어 댔다. 원산은 그만큼 북한군이 중요하게 여긴 전쟁전략 도시였기 때문이다. 주요 철도와 도로가 있었고 군함과 무기를 만드는 기지이기도 하였다. 너무나 퍼부어 댔기 때문에 모든 건물은 가루가 되다시피 했다 한다.

분양판의 무차별 살포는 바로 이런 영업이다. 무작위로 아무나 붙잡고 퍼부어 대는 것과 같다. 요즘 전쟁은 무차별 폭격은 없다. 무기가 좋아져서 수천 키로 밖에서도 타깃 5미터를 벗어나지 않는 정확성이 있다고 한다. 빈 라덴이나 이라크 독재자 사담 후세인 대통령을 잡은 것도 그런 정확성 때문이었다. 정밀한 타깃무기는 엄청난 고가(高價)다. 타겟률이 정확한 분양 사원은 고가의 계약을 따낸다. 이런 분양 사원들은 어떻게 타깃을 조준할까?

입에 침이 마를 정도로 떠들어도 계약을 따내지 못하는 사람은 무차별 폭격만 하는 사원이다. 이런 사원의 특징은 타깃에 대한 분류를 하지 못한다. 전단지 보고 전화온 고객, 현수막 보고 전화온 고객, 블로그 보고 전화온 고객 등 각자 타깃이 다르다.

그런데 모두에게 똑같은 영업 방식으로 응대를 했다면 효과 없는 원산 폭격과 같다. 사실 분양판에는 망망대해에 대형 그물을 던져 놓고 '어떤 고기든 잡혀라'라는 식의 주먹구구 영업을 하는 사람이 많다. 하지만 여기서 조금만 신경 쓰고 머리를 쓴다면, 고기를 잘 낚을 수 있는 현명함을 기를 수 있다. 고객을 타깃화하자. 내가 던진 그물이 어떤 고기가 낚이는지를 파악하자.

현수막 그물은 현수막을 본 사람에게 맞는 상담과 설명으로 상대방의 니즈를 환기시켜 주고, 전단지 그물은 전단지를 본 사람에게 맞는 상담을 도와주자. 마찬가지로 블로그를 통해 온 고객은 블로그를 본 고객의 여러 성향을 대비하고 있어야 제대로 된 대응을 할 수 있고, 내방률을 높일 수 있다. 다시 말하면 첫째는 분류를 해야 한다는 것이다. 현수막, 전단지, 블로그 고객의 분류다.

당신이라면 각자 고객을 어떻게 응대할 것인가? 이것에 대한 확실한 기술이 서 있지 않다면 당신은 분양 저격수가 아니다. 단순히 현수막만 보고 온 고객이라면 어떤 유형일까? 현수막 고객은 대부분 현장에서 가까운 지역민이 대부분일 것이다.

몇 년 전부터 소문도 들었고 오며 가며 공사하는 것도 봤을 것이다. 또 주변에 한두 사람이 계약했다는 것도 들었고 해서 관심이 있는 사람이다. 지역에 대한 관심을 가진 사람이 현수막을 보고 반응을 해온다. 이런 지역 주민을 상대하려면 지역에 대한 정확한 지식을 갖춰야 한다.

두 번째 전단지 고객이다. 전단지는 신문에 큰 삽지로 배포하는 전단지가 있다. 컬러 그래픽과 사진으로 최대한 멋있게 꾸며서 온갖 좋은 말은 다 써 있다. 관심이 있는 고객이라면 자세히 봤을 살펴봤을 것이다. 하지만 다 믿지는 않는다. 항상 의심의 끈을 놓지 않고 확인하려 한다. 지하철이나 거리에서 나눠 주는 전단지도 마찬가지다.

마지막으로 블로그를 보고 온 고객이다. 블로그를 볼 정도면 대부분 젊은 층이다. 누구에게 들었든지 듣고 바로 블로그를 찾았을 것이다. 이 사람은 차를 끌고 가다 현수막을 봤을 수도 있고 전단지를 받았을 수도 있다.

이미 전단지와 현수막 등 1, 2차 정보를 거쳐 3차 정보인 블로그로 진입한 사람이다. 1, 2차 정보는 자신이 원한 것이 아니라 무차별 살포하고 걸어 논 현수막과 전단지에 의해 강제적으로 보게 된 경우다. 그러나 블로그는 자발적으로 본 경우다. 그렇기 때문에 블로그 고객은 아주 최상의 타깃이다.

당신의 고객을 조준할 때 그 고객이 대부분 블로그고객이 될 수 있도록 하라. 분양으로 인한 고소득은 블로그 고객 타겟판을 많이 만드느냐 마느냐의 차이다. 나는 현재 바이럴 마케팅 회사 대표다. 하지만 사이드로 월 수익이 5,000이 넘는다.

그 이유는 블로그 타깃 고객을 많이 확보했기 때문이다. 많은 직원과 광고 관리로 내가 현장에 나가 뛸 시간은 없다. 또 있다해도 군이 할 필요성을 못 느낀다. 왜냐 블로그광고는 책상에서 이뤄지고 있기 때문이다. 아니 책상이 아닌 어느 곳이든지 스마트폰 하나만 있으면 가능하다. 이처럼 블로그광고는 나에게 신세계를 안겨다 줬다.

거의 1년 동안 뛰었지만 계약 한 건 못하고 실의에 빠졌던 내가 블로그 분양광고를 만나 대박을 터트린 이유는 무엇이었을까? 바로 타깃을 블로그에 조준했기 때문이다. 당신이 분양업 고소득자가 되길 원한다면 빨리 타깃을 바꿔라! 그 타깃은 블로그다.

1-3 블로그콜의 유형 ▼

블로그콜의 원천은 시, 대행사의 광고에서 온다. 광고를 보고 해소되지 못한 부분을 검색을 통해 해소하고 방문의사가 어느 정도 생겼을 때 전화를 하는 경우가 대부분이다. 현수막, 전단지 보다는 방문률이 굉장히 높은 편이다. 유형을 제대로 파악하고 대응해야 할 것이다.

"혹시 모델하우스 구경 갈 수 있나요? 경품 이벤트 같은 것도 하나요?"

전형적인 단순 질문형이다. 주변인을 통해서든, 광고를 통해서든 현장이 열린다는 사실만으로 단순 방문의사를 내비치는 유형이라고 보면 된다. 계약이란 생각지도 않은데서 이뤄질 수 있다.

고수들은 전혀 준비가 되지 않은 사람에게서도 계약을 이끌어 낸다. 단순 구경꾼이라고 소홀히 대하지 말자. 그 주변에는 제법 돈 많이 가진 사람들이 있다는 것을 항상 염두에 둬라. 오히려 이런 사람일수록 더 친절하게 대해주고 사은품을 챙겨 준다.

그리고 소개를 해 줄 때 일정의 사례를 하겠다고 언질을 준다. 집에 간 뒤에도 정기적으로 전화를 걸어 친밀함을 나눈다. 그러면 어느 날 나의 영업 사원이 되어 사람들을 끌고 오기 시작한다. 분양이라는 것이 소개에서 소개가 의외로 많이 이뤄진다는 것 간과하지 말자.

"지금 가려는데 주소가 어떻게 되죠?"

우리가 가장 좋아하는 콜유형이다. 이미 많은 정보를 수집했고, 직접 눈으로 보고 선택하겠다는 콜유형인데, 이때 담당자를 본인으로 찾아야 하니 꼭 관계성을 긴밀히 유도하는 노하우가 필요하다. 이런 고객을 로얄고객으로 정하고 그의 흔적을 반드시 예약 방문자 명단에 기록해 놔야 한다. 제대로 된 분양 사무실은 반드시 방문객의 이름과 전화번호를 확인하고 담당 분양 직원이 누군지 확인을 한다. 이런 확실한 고객을 놓치면 상처가 무척 클 것이다.

"몇 시까지 하나요?"

마찬가지로 가장 좋아하는 콜유형이다. 이미 정보를 수집했고 본인은 방문의사가 있지만 회사를 다니거나 시간 여유가 없어 모델하우스가 언제 마감을 하는지를 물어보는 유형이다.

늦게라도 오실 수 있도록 준비할 테니 방문 전 예약을 꼭 유도하자. 오히려 늦은 시간에 오시는 것이 더 편안하고 자세한 상담을 해 줄 수 있다고 유도를 하면 효과가 있을 것이다.

"언제 완공되나요? 언제 착공이 시작되나요?"

보통 블로그를 보고 전화한 사람들은 광고업체에서 올려놓은 자료들을 검토해 보고 그중 해소되지 못한 궁금증을 물어보는 경우가 많다. 고객의 고민과 갈등을 해소해줘야 한다.

많은 종류의 분양현장이 있지만, 지역주택조합 같은 경우, 사업진행의 여부에 대해 많은 논란이 야기되고 있고 이를 유선상담을 통해 풀어 보려는 고객들이 많다. 실제 계약이 성사된 많은 사례들을 살펴보면 고객들의 의심을 제대로 해소해 준 상담사분들이 계약률이 높다. 명심하자. 의심을 해소시켜 주면 확신이 된다.

"좋은 호실 남아 있나요"

정보를 어느 정도라도 수집하고 전화한 사람과 그렇지 않은 사람은 큰 차이가 있다. 사람들은 어떠한 부동산을 선택하더라도 남들보다 좋은 호실을 원하지만, 아무 정보 없이 전화하는 사람들은 절대 호실여부를 처음부터 묻지 않는다.

이런 고객 같은 경우는 인터넷에 올라와 있는 여러 전화번호로 전화를 하면서 떠보는 고객의 유형일 가능성도 배제할 수 없다.

이외에도 천자 만별의 고객을 만나게 된다. 그 유형에 따라 응대 방식이 달라야 한다. 그러는 만큼 당신의 타깃은 좁혀지고 계약으로 이어진다.

BLOG MARKETING

1-4 전단지, 현수막콜의 유형 ▼

분양 일을 오래한 사람이라면, 어떤 현장이든 기본으로 깔고 가는 영업 방식이 있다. 전단지 배포와 현수막거치 등인데 여기서 세부적으로 동 타기, 통돌이, 거점영업 등은 전부 전단지콜과 현수막콜이라는 가정하에 2년간 통계치를 기준으로 몇 가지만 간단하게 정리해 보았다.

이 유형들을 살펴보기에 앞서 반드시 선행해야 되는 점은 무엇을 보고 전화를 했는지를 파악하는 일이다. 잊지 말자.

- 전단지, 현수막콜의 유형

"거기가 어디에 생기는 곳인가요?"

보통 전단지에 표시되는 약도를 보고도 어디에 짓는지 모를 때 전화를 걸어 확인하는 유형인데, 어디에 짓는지 대답을 해준 후 돌아오는 반응을 통해 고객의 감도를 확인할 수 있는 양질의 콜이다.

<u>"거기 ***원대라고 하던데 정확히 가격이 얼마인가요?"</u>

이 유형은 비단, 전단지, 현수막콜뿐만 아니라 블로그로도 많이 오는 전화인데, 광고효과를 극대화시키기 위해 평당 ***원대라는 전단지의 문구를 보고 전화하는 경우이다.

<u>"청약일정은 어떻게 되나요?"</u>

분양상담사들이 들어가는 조직현장은 사실 청약과는 무관한 선착순 동호수지정제이다. 실제로 실거주 목적으로 집을 알아보는 사회초년생들이나 부동산구입 경험이 없는 분들은 청약일정에 대한 질문을 많이 한다. 감도 높은 고객이라고 볼 수 있다.

블로그콜과 전단지 현수막콜의 큰 차이점을 정리하자면 고객이 정보를 어느 정도 수집했느냐의 차이이다.

정보화시대를 살아가는 우리는 누군가를 직접 대면하기 전에 반드시 핸드폰이나 컴퓨터를 통해 관련정보를 검색한다. 그리고 그 빈도는 날이 갈수록 더 높아지고 있다. 단순이 오프라인에서 확인된 고객과 블로그를 통해 정보를 수집하고 전화하는 고객의 응대차이는 반드시 높은 내방률을 낳는다.

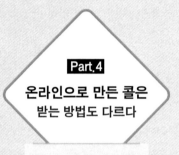

2. 좋은 상담사례와
피해야 할 상담사례

우리가 가장 원하는 것은 계약서를 많이 쓰는 것이다. 계약서를 많이 쓰기 위해서는 나 자신의 개발과 발전, 노력 등도 필요하지만 다른 사람은 어떻게 영업하는지, 고객과 어떻게 통화하는지, 상담은 또 어떻게 하는지가 궁금할 수밖에 없다.

내가 2년간 진행한 분양사이드를 통해 수집된 좋은 통화 사례와 나쁜 통화 사례들이 있다. 그 사례들은 여러분의 통화와 비교할 수 있는 잣대가 되어주며 더 나아가 벤치마킹, 수정, 보완해서 좀 더 나은 통화를 할 수 있게 해줄 거라 믿어 의심치 않는다.

책에는 담을 수 있는 부분에 한계가 있어 대표적인 좋은 사례 2건과 나쁜 사례 3건을 첨부하였다.

분양상담사
네 감사합니다. 홍보관 입니다.

고 객
네 안녕하세요. 제가 인터넷 보고 전화 드렸는데요!

분양상담사
네 안녕하세요. 담당자입니다. 말씀하세요!

고 객
혹시 다 분양이 되었나요?

분양상담사
아, 아직 100%는 아니고요. 잔여세대가 조금 남아 있습니다.

고 객
아, 그럼 작은 평수는 다 끝났을 거고. 큰 평수만 남았겠네요.

분양상담사

네 맞습니다. 그런데 사모님. 사실 저희는 주력이 큰 평수예요. 블로그 잘 살펴보셨다시피 작은 평수보다 큰 평수가 더 잘빠졌고, 평당 분양가도 훨씬 더 저렴해요.

고 객

네 그런 것 같더라고요.

분양상담사

저희가 ***에 내년에 입주인데, 입주 시기는 괜찮으신가요?

고 객

네 저희 신랑이 ***에 근무하고 있어서 저랑 제가 아는 언니랑 고민하고 있거든요. ***에 들어갈지, 전세로 들어갈지

분양상담사

아, 조금 복잡한 상황이신가 보네요. 아무래도 제가 정확히 사모님 상황을 모르니까 저희 모델하우스에 오셔서 얘기 나눠 보시는 건 어떨까요?

고 객

아 저희 신랑이랑 이번 주 주말에 한번 가볼게요.

분양상담사

아, 그럼 혹시 어디 쪽에서 오시나요?

고 객

저 **동에 살고 있어요.

분양상담사

**에서 오시는 거면 몇 시쯤 방문이 편하실까요? 부담을 드리려는 게 아니고 저희가 고객님들이 많다보니 스케줄을 잡아두면 사모님이 상담 받으시기 훨씬 더 수월하셔서요.

아, 금요일 10시쯤에 애기 친정에 맡기고 신랑이랑 가볼까 해요.

아, 금요일 오전이면, 조금 차가 살짝 막힐 수도 있고 **에서 출발하시면 한 25분정도 걸리실 거예요. 감안하시고 저는 사모님 출발하실 때 전화를 주시면 일정조율 할 수 있으니까 안전운전 하셔서 오시면 되요.

아, 제가 사실, 이걸 지금 분양을 받을까 나중에 입주하게 되면 전세로 들어갈까를 고민 중인데 혹시 그런 것도 하시나요?

아~ 그럼요. 사실 입주계획 세우는 데에는 여러 가지 상황이랑 금전계획을 제대로 세우셔야 되기 때문에 신중하셔야 되요. 사모님. 제가 사모님 상황을 정확히 들어보고, 분양을 받는 게 좋을지, 추후 전세로 들어가시는 게 좋을지 조언해드릴 수 있을 것 같아요

아, 그럼 저랑 저희 언니랑 같이 금요일 날 가볼게요.

아, 사모님~ 하나만 더 여쭤볼게요. 혹시 지금 사시는 곳은 층이 높은 편인가요?

아, 제가 지금은 높은 곳에 사는데 이사한다면 낮은 층으로 갈까도 고민하고 있어요!

네 그래서 여쭤본거거든요. 저희가 타입도 여러 개고, 층수가 한정적이라 요즘은 저층을 선호하시는 분도 많아서 오히려 귀하거든요.

> **고 객**
> 네 저도 고층보다는 저층이 편한 것 같아요. 4베이랑 3베이랑 그런 것도 전혀 몰라서 제가 한번 알아보고 갈게요.

> **분양상담사**
> 지금 계시는 곳은 4베이가 아니신가요?

> **고 객**
> 아 2베인가? 3베인가. 그래요.

> **분양상담사**
> 아, 제가 간략하게 설명을 드리면요. 요새는 아이들 방을 생각을 많이 해야 하는데. (구조설명).……. 취향이에요 사실

> **고 객**
> 그러면 아까 말씀하신 향으로 3청 정도는 남아 있을까요? 가격은 얼마나 될까요? 대출을 알아봐야 돼서

> **분양상담사**
> 음. 금요일 가봐야 되는데 현재는 제가 본부장님한테 하나 부탁드릴 수 있는 상황이에요. 가격은 타입별로 차이가 조금 있지만 평당 **정도 생각하시면 되요. 지금 있으신 곳은 대출이 있으신가요?

> **고 객**
> 지금 아파트는 사실 대출이 없는데 새로 들어가면 대출을 끼고 들어가야 될 것 같아서. 저희 언니도 대출을 알아봐야 되거든요. 사실 25평을 하고 싶었는데 청약을 못해서. 30평대로 가면 청소하기도 너무 불편하고.

> **분양상담사**
> 보니까 사모님 지금 고민이 많으시겠어요. 저도 아이가 하나라 25평을 살았었는데 30평형대로 가보니까 다시는 25평으로 못가겠더라고요.

아, 제가 너무 많이 여쭤봤네요. 일단 금요일 날 가서
뵙고 상담 받아봐야 겠어요

네 사모님 부담은 가지지 마시고 오셔서 꼼꼼히 고민해보시고 결정하
셔요. 제가 명함 문자하나 넣어드릴게요. 저는 ***부장입니다. 사모님
존함을 여쭤봐도 될까요?

저는 ***에요 저희 언니는 *** 구요.
신랑 시간대가 틀려서 따로따로 방문할게요.

네 사모님. 좋은 하루 보내시고요. 금요일 날 뵙겠습니다.

작가평

본 사례는 계약 2건을 만들어 낸 실제 사례이다.

처음엔 시큰둥한 목소리이었던 고객이 나중에 벽을 허물며 본인의 고민을 물어보는 적극적 태도로 바뀌는 좋은 사례다.

지금 이 상담사는 고객과의 긴밀함을 만들기 위해 굉장히 애를 쓴다. 분양영업에서 가장 놓치기 쉬운 부분이 이 부분이다. 상담능력이 아무리 좋고 계약을 꺾는 능력이 아무리 좋다고 하더라도 고객과의 긴밀성을 유지하지 못한다면 다른 사람들한테 고객을 뺏기기 십상이다. 살얼음판 같은 전쟁터인 분양판에서 처음 대면한 낯선 고객이라도 반드시 친해지고 내 이름을 기억할 수 있는 상황을 만들자.

또 한 가지 좋은 예로, 고객이 직접 방문하여 상담하기 전 전화상으로 고객의 정보를 최대한 이끌어 내었다.

어떤 아파트에 사는지, 어떤 층을 선호하는지, 투자금액의 여유는 있는지, 고민인 부분이 무엇인지. 고객의 정보를 미리 파악해 둔다면 직접 내방했을 때 계약으로 이끌어 낼 수 있는 확률은 굉장히 높아진다. 고객은 기본적으로 항상 의심과 방어적인 자세를 가지고 나온다.

의심을 하는 이유는 주변지인들의 영향이 많다. 잘 된 지인들이 많다면 그렇지 않는데 못 된 사람들이 크게 떠들고 다니기 때문이다. 또 뉴스나 안 좋은 소문을 듣고 지레 겁을 먹는 경우다. 이런 걸림돌이 계약을 망설이게 한다.

사람들이 돈을 벌 수 있는 기회를 다 찾아 먹는다면 가난할 사람이 없겠다. 부자와 가난한 자의 차이는 기회를 자기것으로 만드느냐 버리느냐 차이다. 좀 확실한 곳은 경쟁률이 높거나 가격이 시세 이상이다. 그렇지 않은 곳은 미심쩍다.

이러한 상황에서 고객이 선택할 수 있는 것이 당연히 쉽지 않게 된다. 상담자는 고객의 선택을 도와주는 역할이 임무다. 선택은 커녕 불만을 터뜨리고 간다면 후속 영업에 막대한 지장을 준다. 위 사례는 상담자가 고객에게 들이대지도 않았다.

자연스럽게 고객의 말을 받아 주면서 의심 나는 부분을 즉시 즉시 답해 줬다. 그리고 고객의 말을 끌어 낼 수 있는 능력이 있었다. 좋은 상담 결과란 고객이 말을 계속 할 수 있도록 유도하는 상담자다. 자기 말만 하는 것이 아니라 질문하고 답을 듣고 또 그 답에 대한 설명을 친절히 해주면서 다음 질문으로 유도하는 방법이다.

이런 방법은 순간의 순발력과 본능적 반응이 어우러져야 자연스럽다. 한마디로 상담을 많이 연구한 상담자다. 사실 전화로 고객의 마음을 산다는 것이 그리 쉬운 일은 아니다. 아마 가장 어려운 직업 중 하나를 꼽으라면 TM상담직이라 할 정도다. 말에는 그 사람의 모든 것이 녹아 묻어 나온다. 상담자는 두 가지를 항상 업그레이드 하고 대기해야 한다.

첫째는 컨텐츠다. 상대방에게 호감을 주고 줄 수 있는 내용이 풍부해야 한다. 상품에 대한 공부, 부동산에 대한 공부, 세법과 인간 관계에 대한 공부를 깊이 해야 한다. 둘째 말의 능력이다. 글과 말의 차이는 현장과 아님의 차이다. 말은 현장이다. 순간순간 상대와 대화를 하여야 한다.

거기에는 다섯 가지 감각이 따른다. 이 감각 중 어느 하나가 걸리면 상대는 마음의 문을 닫는다. 평상시 신경질적인 사람, 성질이 급한 사람이 말문을 열면 자기말만 일방적으로 하게 된다.

이런 사람 말은 몇 분만 듣고 있자면 골치가 아프다. 고객의 마음을 편안하게 해주고 신뢰를 줄 수 있는 말과 음성으로 다듬는 것이 상담자의 실력이다. 마지막으로 어떤 상황이든 부정적 말을 하거나 동조하지 말라는 것이다. 부정적인 말은 금방 분위기를 바꾸고 만다.

고객에게 사기를 치는 것이 아니라 좋았던 사례, 성공한 이야기를 들려줘야 한다. 고객은 자꾸 믿고 싶고 저지르고 싶다. 하지만 걱정이 되는 것이다. 이 걱정을 동조하면 결국 떠나고 만다.

분양상담사
네 여보세요 **실장입니다.

고객
네 안녕하세요. **사무실인가요?

분양상담사
네 맞습니다. 말씀하세요.

고객
아, 거기 지금 분양률이 얼마나 됐나요?

분양상담사
저희 아직 오픈을 아직 안했어요! 사장님.
*월 *일 오픈입니다. 동호 지정은 하고 있고요~

고객
아, 그럼 모델하우스에서만 하는 건가요?

분양상담사
네네 맞습니다. 고객님 혹시, 이 주변에 사시나요? 아니면 부동산 사장님이신가요? 전화가 너무 많이 와서요.

고객
아, 제가 **살고 있는데 **쪽은 너무 비싸서 **쪽으로 이사를 가볼까 싶어서.

분양상담사
아, 그러시구나. 저희 모델하우스 위치는 대충 아세요?

고객
아, 네 알고는 있어요.

분양상담사
아, 저희가 오픈이 얼마 안 남았는데. 사장님 아시려나 모르겠는데 저희 동중에 **조망권 나오는 동이 몇 동이 있어요. 그래서 투자하시는 분들이나, 실입주하시는 분들은 먼저 오셔서 동호지정을 하고 있어서 모델하우스에 방문해서 구경해보시는건 어떠세요? 워낙 반응이 좋아서 노파심에요~

분양판! 이제는 블로그의 시대다

아, 제가 사실 오늘 방문하려 했는데 갑자기 일이 생겨서
인터넷으로 검색해서 전화 드려서 물어보는 거거든요.

아, 그러시구나. 저희가 엊그제 부동산사업설명회가 잘되어서 동호수
가 빨리 소진이 되고 있어서, 지금 사장님 같이 물어보시고 여유롭게
생각하시다가 오셔서 후회하시는 분들이 더러 있더라고요.

아, 그렇구나.

혹시 오늘, 내일 못 오시면 **전에는 반드시 오셔서
안하시더라도 구경은 해보셔야 해요

아, 제가 근무를 6시까지 하고 **에서 출발하면
30분정도 걸리는데 너무 늦게 가면 문 닫지 않나요?

아, 사장님같이 직장 다니시는 분들 위해서 저희가 저녁에도 당직근무
를 하기 때문에 오시기 전에 꼭 전화한통 주셔야 당직스케줄을 짜둘
수가 있어요. 담당자가 신청하는 거거든요.

아, 그럼 제가 일단 내일 모레 가볼게요.

네 사장님 여기는 시간이 관건이에요. 앞 동이랑 뒷동이랑
가격차이가 안 나기 때문에 무슨 말 씀인지 아시죠?

아, 네 자세한건 아무래도 가서 얘기해야겠네요.

네 그렇죠. 사장님 일단 인터넷으로 보시는 거랑 직접 보시면서 저희 사업진행 여부, 유닛구경 하시고 설명 들으시는 거랑은 천지 차이시 죠. 생각보다 만족하실거에요. 저는 ** 팀장입니다. 부담이 되지 않으 신다면 사장님 존함을 알 수 있을까요?

아, 저는 ***입니다.

그럼 내일 모레, 제가 퇴근안하고 주중에 못한 것들 정리좀 하면서 사 장님 기다리고 있을게요. 사장님이 정리할 시간을 주시네요. 감사합 니다!

아, 하하하 별말씀을요 그럼 내일 모레 뵐게요.

네네 오늘도 좋은 하루 보내시고요.

작가평

본 사례는 계약 1건을 실제로 성공한 사례이다.

본 통화의 분양상담사는 고객의 니즈를 정확히 캐치했다. 블로그를 보고 전화하는 사람의 특성상 어느 정도 관심도가 있는지, 현재 어디에 사는지 등을 은연중에 오픈을 하기 마련인데, 이 고객은 특정지역에 거주하고 있고 이사를 계획하고 있어 본 현장의 장점위주로 긴박한 상황을 만들어 고객의 방문을 유도한 케이스이다. 중간 중간에 고객에게 부담을 주지 않기 위해 정보를 파악하는 이유에 대해서 합리적인 설명을 하는 스킬도 뛰어나다.

블로그콜의 생태계는 앞서도 언급했지만 이미 어느 정도 정보를 가진 고객에서부터 시작한다. 무작정 본인이 하고 싶은 말을 해서 내방을 유도한다기보다는 고객의 상황과 니즈를 정확히 파악하고 대응하는 방법이 최상의 방법이다. 여기서 핵심은 고객의 마음을 선택으로 몰아가는 것이다. 두 번째는 내방 약속을 확실히 잡아 두는 것이다.

홈쇼핑이 잘 되는 이유는 선택에 대한 몰이를 잘하는 것 때문이다. 대다수 홈쇼핑 호스트들은 단골 메뉴로 오늘 이 시간 밖에 없다를 강조한다. 다음 방송을 내일이나 모레에 봐도 똑같다.

그것을 알면서도 고객들은 속고 만다. 상품이 사기만 아니라면 판매자나 고객이나 이득이다. 사실이지만 초기 좋은 호수 지정은 작게는 몇백만 원에서 크게는 몇천만 원의 프리미엄을 가져다 준다. 위 상담자의 멘트에 그것이 묻어나 있다. 동 호수 지정을 강조했고 앞동과 뒷동의 가격 차이에 포인트를 줬다.

여기에 초기란 말을 더욱 강하게 심어 줬다. 고객은 빠른 발품이 수천만 원의 이득 효과를 얻을 수 있겠다 라고 생각을 한다. 소액의 계약금만 가지고도 전매할 시에 순간 수천만 원을 벌 수 있다는 것에 혹한다. 대부분의 홈쇼핑은 마음먹고 준비했다가 사는 경우가 드물다. 쇼 호스트의 멘트에 따라 흥분하고 카드를 들이대는 것이다.

사고나서 웬지 미심쩍어도 그리 손해만 되지 않는다면 반품을 하지 않는다. 이들은 강조는 엄청난 사은품과 많은 양, 그리고 다시 없는 오늘만이라는 시간제한성이다. 그런 환경은 고객으로부터 마음을 급하게 한다. 위 상담자의 멘트는 그것이 주효한 것이다. 지금 나오시면 고객님이 얻어 가실 것이 너무 크다! 안나오시면 후회 막급할 수 있다는 멘트다.

상담자는 그 멘트를 순간적으로 했다. 그러자 고객은 반응을 했고 두 번째 확실히 하기 위해 시간과 이름을 정확히 다시 한 번 짚었다. 자기 이름을 대고 정보를 주면 상대는 그것에 대한 부담감을 느낀다.

즉, 실천할 마음을 가지고 있는 것이다. 그렇기 때문에 반드시 명함이나 이름을 받아 놔야 한다. 또 하나의 부담감은 일부러 당신을 위해 시간을 빼 놓고 기다리겠다고 하는 것이다. 자기로 인해 상대가 시간을 쓴다면 그 시간에 대한 부담감을 갖는다. 어차피 거래란 약간의 부담감을 가져야 이뤄진다.

예를 들어 세계 최대 온라인 쇼핑몰 축제인 미국의 블랙플라이데이와 중국의 광군제를 보자. 이 두 축제의 매출은 일 년 매출의 거의 3분의 1을 차지 할 정도다. 왜 이 축제에 전세계인이 빠지는 것일까?

첫 번째는 가격 때문이다. 돈에 대한 메리트가 있으면 사람들은 빚을 얻어서라도 움직인다. 수백만 원 하는 삼성, 엘지 고급 TV를 백만 원 미만으로 살 수 있는 기회다. 두 번째는 한정된 시간이다. 딱 11월에서 12월 사이 금요일에 이뤄지는 시간이 사람들의 심장을 쿵쾅거리게 한다.

한국 텔레비전을 역으로 수입하는 이런 쇼핑은 엄청난 돈에 절약의 메리트와 한정된 시간이라는 이벤트 때문이다. 영어도 잘 모르고 중간에 분실이나 파손될 위험, 긴 배송기간 등 모든 것이 불편해도 지르고 마는 이유는 두 가지의 핵심 때문이다. 가격 경쟁과 한정된 시간이다. 분양에서 블랙플라이데이 효과를 거두려면 어떻게 해야 하는가?

고객이 지금 나오면 지금 밖에 얻어 갈 수 없는 막대한 이득을 설명해 줘야 한다. 동 호수 지정으로 인한 큰 이익 창출설명이 좋은 예다.

　　한정된 시간이라는 것을 더 강조하려면 이런 것을 아는 다른 고객들은 미리 선점해서 좋은 동, 호수 다 빼간다고 손해날 것 같은 인식을 심어 줘야 한다. 한 번 와서 일단 보고 계약을 한 후 최대 며칠까지는 해약도 가능하다는 옵션을 주면 더욱 상대를 안심시킨다. 그리고 발길을 이끌어 오는 데 효과는 있다. 하지만 될 수 있으면 해약의 옵션은 최악의 경우 아니면 안쓰는 것이 좋다.

　　몇 마디 안했지만 내방으로 이끈 상담자의 스킬 공식이 여기서 보인다. 오게 되면 당장 얻을 경제적 이익, 그것을 얻기 위해서는 지금 와야 하는 시간적 제한, 그리고 상대의 명함을 받고 고객을 위해 상담자가 일부러 시간을 낸다는 수고로움의 부담감까지 겹치니 최상의 내방공식이 성립된 것이다.

BLOG MARKETING

2-2 피해야 할 상담사례 ▼

분양상담사
여보세요?

고 객
혹시 홍보관이 사라졌나요? 근처에 와 있는데

분양상담사
어떤 거 때문에 그러시죠?

고 객
아, 분양 때문에 전화 드렸는데, 블로그보구요

분양상담사
분양이요? 어떤 분양 말씀하시는거에요?

고 객
거기 분양하려고요

분양상담사
네? 상담사세요? 분양을 하시려고요?

고 객
아, 네

분양상담사
분양을 하시는 분이세요? 저한테 어떤 거 보고 전화주셨죠?

고 객
블로그요

분양상담사
아, 제 번호로 왜 전화를 주신 거죠?

고 객
분양을 받으려고요. 거기 홍보관 아닌가요?

분양상담사
아, 상담 받으시려고요? 1차를 찾으세요, 2차를 찾으세요?

고 객
1차 거의 다 끝났다던데 있나요?

분양상담사
1차 거의 다 마감은 되었는데 아직 조금은 있어요.

고 객
어디가면 볼 수 있나요?

분양상담사
언제쯤 오시려고요?

고 객
저 아까 근처에 와 있다고 했자나요. 00동이에요

분양상담사
혹시 00쪽이세요? 저희가 홍보관이 00으로 이사했는데

분양판! 이제는 블로그의 시대다

고 객

아, 그래요? 진작 좀 말씀좀 해주시지

분양상담사

아, 죄송합니다. 혹시 언제쯤 오시나요?

고 객

시간 조율해보고 나중에 전화 드릴게요!

분양상담사

명함문자 제가 하나 보내…

고 객

뚝.

작가평

본 사례는 꼭 짚고 넘어가야 할 사례인 듯하다.

기본적으로 블로그콜을 잘 못 받은 사례라기 보단 고객 응대나 마인드 자체를 바꿔야 되는 사례라고 볼 수 있겠다. 고객과의 소통도 제대로 되지 않고 고객이 한 말을 기억하고 있지도 않으며 무작정 내방을 유도하려는 전형적인 초보자의 통화이다.

고객에게 부담을 주면 고객은 더 의심을 하게 되어 있다. 무리하게 정보를 파악하거나 고객의 성향을 파악하지 못한 채 내방을 유도한다면 감 좋은 고객을 다른 상담사에게 뺏길 확률이 높다. 조심하자.

위 사례는 전화를 받은 상담자의 기본적 응대 스킬이 수준 이하다. 고객은 시원스런 안내를 원하는데 자꾸 의문점을 던지며 버벅거리고 있다. 한 두 번 버벅거리면 전화한 사람은 금방 전화를 끊으려는 습성이 있다. 상대에 대해 신뢰감을 갖지 못하기 때문이다.

왜 버벅거리는 것일까? 첫째 전체 브리핑에 대한 내용을 숙지하지 못했기 때문이다. 또 안다고 브리핑을 많이 안해 본 훈련 부족이다. 당신이 브리핑만 전문적으로 했던 팀장이라면 괜찮겠지만 전단지나 돌리고 현수막 발품팔이에 주력한 사람이라면 전화 응대 훈련을 해야 한다.

전화 응대는 실전 브리핑 내공에서 나온다. 실전 경험이 없는 사원은 앞에 아내나 남편, 친구를 두고서라도 수많은 훈련을 해봐야 한다.

그 훈련법은 어떻게 하는 것이 좋은가?

브리핑의 달인인 팀장이나 본부장 경력자의 브리핑을 하는 것을 녹음하라! 그래서 듣고 듣고 또 들어서 완전 자기 것을 만들어야 한다.

녹음한 것을 녹취를 한 다음 요약해서 원고를 만든 다음에 한다면 숙지하는데 더 충실할 수 있다. 여기서 다시 말하지만 꿀팁은 브리핑을 잘하고 계약 성공률이 높은 팀장이나 본부장의 멘트를 가지고 반복 훈련을 하라는 것이다.

말투와 음성 높낮이도 중요하다. 무슨 말을 하는지 모르고 웅얼웅얼하면 고객은 짜증을 낸다. 쇼 호스트나 아나운서의 멘트는 깔끔하다. 핵심과 강조를 적절히 배합해서 한다. 듣는 이가 짜증을 내거나 지루해 하지 않게 한다. 지루한 내용은 본질과 전혀 다른 것을 장황하게 설명하는 것이다. 고객이 알고 싶은 정보가 무엇인지 파악을 하지 못하고 자기 말만 늘어 놓는 것과 같다.

대부분 고객들이 알고 싶어 하는 것은 비슷하다. 이 공통 분모를 빨리 찾아 그에 맞는 응대를 해줘야 한다. 다시 한 번 강조 하고 싶은 것은 브리핑을 잘하고 계약 잘 끊는 팀장이나 본부장 아니 팀원이라도 좋다.

그들은 멘토로 삼아 그들의 실력을 내것화 하는 것이 가장 빠른 길이다.

위 실패 사례는 고객을 몰아내는 응대법이다. 버벅거리고 반문하고 죄송하다고 하는 것, 이런 멘트는 돈과 친해 질 수 없는 응대법이다.

네 뭐좀 여쭤볼려고 하는데요!

네

거기 혹시 30평짜리 분양이 다 됐나요?

아, 30평짜리는 분양이 다 됐는데요, 혹시 급하시면 나와 보시겠어요? 저희 10월에 입주한 거는 알고 계신가요? 저희가 마무리는 완전히 됐어요. 그런데 오셔서 보시고 마음에 드시면 얘기해보고 제가 가지고 있는 거 하나 드릴 수 있어요

아니 분양이 다 됐다면서 그게 무슨 말이죠?

아니요. 100% 다 마감이 됐어요, 1, 2, 3, 4층 기준으로 남아 있는데. 직원들이 몇 개를 한 개 있어서 혹시라도 제가 한번 제 것을, 빼드릴 수 있나 얘기 좀 해보고. 일단은 모델하우스를 보셔야 되니까요. 언제 쯤 방문하실래요?

아니 그 저는 다 분양이 됐다고 들었는데,
블로그에 미분양으로 나오더라고요. 그래서 전화를 드렸.

아, 미분양인데 지금은 분양을 하고 있자나요.

그게 무슨 말이에요, 누구는 분양이 다 됐다고 그러고 누구는 분양 하고 있다고 그러고 제가 30평을 하려고 계속 알아보던 중이었는데.

아니, 30평대는 미분양이 돼 있는 상태구요. 아니, 분양이 다 되어 있고요. 40평대는 분양을 하고 있는 거구요. 일단은 전화상으로 얘기하는 것보다는 나오시는 게 더 좋을 거 같은데 혹시 주말에는 시간이 괜찮으신가요?

아니 생각 좀 해보구요. 말이 아 다르고 어 다르니까.
혹시 그 분당선이 기흥으로 내려와서 오산으로 연결된다는 건 확정이 된 건가요?

네? 무슨 말씀이시죠. 그런 건 제가 교육을 못 받은 거 같은데

블로그에 올려져 있는 내용인데 아닌가요?

잠시 만요 제가 한번 옆에 물어볼게요.
(팀장님~ 기흥역이랑 오산이랑 연결되나요?)
아 연결된다네요.

예…. 뭐 일단 알겠습니다!

주말에 꼭 오시구요. 저희가 담당자 지정제에요. 입구에서 저를 꼭 찾아주셔야 되요. 성함이 어떻게 되시죠?

분양판! 이제는 블로그의 시대다

이름은 왜요? 일단 알겠습니다. 가게 되면 연락드릴게요!

분양상담사

제가 명함 문자를 하나 .

뚝.

작가평

역시 고객의 니즈를 정확히 파악하지 못한 사례이다.

고객은 관심이 있는데 중요한건 정확한 사실에 대해서 궁금하지만 상담사는 무작정 계약을 시키기 위해 내방을 유도하고 있다. 심지어, 조심스럽게 언급해야 되는 동호 상황에 대해 본인 마음대로 풀어놓아 고객의 혼란을 야기하고 있으며 본인이 속해 있는 현장에 대해 기본적인 브리핑자료 또한 숙지하지 못한 상태이다. 심지어 이런 상담사들은 본인의 실수나 역량부족을 주변인이나 현장을 탓하는 경우가 수두룩하다. 계약이 안 나오는 이유는 몇 가지 정해져 있다. 고객과의 교감, 소통, 그리고 니즈 파악 등을 실패한 상담사는 고수익을 바라기 힘들다. 전형적인 실패응대의 사례다. 무엇이 문제인지 조금 더 살펴보자.

1. 말에 일관성이 없다.

30평대 분양이 다 됐다면서 또 남았다고 횡설수설한다. 순간 고객의 의심을 사게 했다. 자고로 말 잘하는 사람이 먹고 살고 리더자가 된다. 분양판도 결국은 말로 승부가 난다.

위 상담자의 첫 실수는 순간 앞말과 뒷말이 거짓말이 된 것이다. 30평대를 이야기하다 40평대로 넘어가면서 또 혹 남은 호수가 있을 지도 모른다고 했다. 이런 멘트는 상황에 따라 언제든지 말 바꾸는 영업사원으로 비춰진다. 전형적인 사기꾼의 냄새기 때문이다.

말의 일관성과 조직성이 상대로 하여금 신뢰를 갖게 한다. 직원들이 뺄 수 있다는 미끼성 말이 오히려 역효과를 냈다. 일개 직원이 분양 호수를 마음대로 할 수 있다면 그런 회사는 신뢰 할 수 없다는 부정적 이미지를 심어주기 충분하다. 이런 말은 어느 정도 진행이 되었을 때 최후 카드로 말하는 용이다. 전화 응대로 이렇게 말하면 대부분 방문을 거절한다.

2. 블로그 내용과 다른 멘트

고객은 블로그 내용을 믿고 전화했다. 그런데 내용이 다르거나 횡설수설한다면 계약을 방해하는 응대다. 블로그를 살폈을 때는 많은 생각을 했을 것이다. 그리고 전화를 했다. 그나마 마음에 든 것이다. 한마디로 다잡은 토끼를 놓친 꼴이다. 내용에 벗어나는 이야기 내용과 다른 이야기를 하면 팍팍 점수가 깎인다. 응대자는 제발 블로그 내용을 철저히 파악하고 그에 맞는 응대법을 준비해 둬야 한다.

3. 멘트중 팀장이나 다른 사람에게 물어 보는 행위

"잠시만요 제가 한번 물어 볼께요." 하면서 팀장님을 부르는 행위는 자폭행위와 같다. 건너편에서 들리는 팀장인지 누군지 들리는 목소리가 사기꾼의 목소리로 들려질 것이다. 상담자는 철저히 준비되고 훈련된 자가 받아야 한다. 고객은 회사나 사원 모두가 완전하기를 기대한다. 무엇인가 부족하면 전화를 끊거나 더 조사해서 다른 팀원에게 건너간다. 대책이 어수룩한 사기꾼 집단으로 오해받지 않으려면 각자 분담 역할을 잘해야 할 뿐더러 최초 전화 응대자는 그야말로 최전선 척후병이라는 각오로 임해야 살아남는다.

뭐좀 여쭤보려는데요. *** 혹시 준공됐나요?

분양상담사

아니요. 혹시 어떤 거 보고 전화 주셨나요?

고 객

블로그요.

분양상담사

아, 그러셨어요? 블로그면은 그. 어떤 걸 보셨는지 모르겠는데 저희가 준공이 된 게 아니고요. 내후년 4월에 준공이에요.

고 객

아, 그래요?

분양상담사

네 어떤 목적으로 보신거세요?

고 객

흠. 투자해볼까 생각하고 있어서요.

분양상담사

아, 그러셨어요! 지금 계신 곳은 어디신가요?

고 객

**구에 살고 있습니다.

분양상담사

아, 그러세요. 저희 모델하우스가 **에 있거든요~

고 객

** 어딘데요?

분양상담사

** 혹시 아시나요? 제가 안내를 해드릴까요?

분양판! 이제는 블로그의 시대다

고 객
지번 불러주세요.

분양상담사
****번지 찍으시면 되요

고 객
네 알겠습니다.

분양상담사
성함이 어떻게 되시나요?

고 객
그건 왜요?

분양상담사
아, 기억하고 있게요

고 객
아, 그냥 다음에 갈 때 연락드릴게요!

분양상담사
네 그러세요!

작가평

본 사례를 보면 느낌 자체부터 무미건조하다.

고객은 관심이 있어서 전화를 했지만 상담사는 고객에게 전혀 관심이 없어 보인다. 심지어 본인이 진행한 블로그광고에 어떤 내용이 브리핑되어 있는지조차 모르는 듯하다. 고객이 상담을 위해 전화를 하면 보통 처음 통화가 많기 때문에 서로 어색할 수 있다. 그 어색함을 풀어주는 게 상담사의 역량인데, 같이 어색하고 할 말 없어지고 본인의 이름조차 얘기 못하는 통화라면 아까운 콜 하나 낭비하는 꼴이다.

이런 경우 지번주소를 불러 줬기 때문에 본인에게 전화한다기보다는 그냥 모델하우스에 방문하여 워킹순번으로 돌거나 다른 고객에게 뺏길 확률이 광장히 크다. 아깝게 영업하여 다른 상담사에게 뺏기는 미련한 짓만은 하지 말자.

위 사례는 상담자가 고객을 이끌만한 내공이 부족한 경우다. 고객에 끌려가는 형태를 보였다. 말한 것처럼 무미건조한 응대다. 무미건조하다는 것은 상대로부터 호감을 갖게 할 만한 내용이 없다는 것이다.

고객은 첫 한마디 혹은 어떤 멘트 하나에 혹하고 끌려온다. 이것은 하루 아침에 이뤄지는 내공은 아니지만 그러나 훈련을 해야 한다. 고객에게 끌려가는 멘트는 노력하지 않은 이유다. 당신에게 수백 혹은 수천만 원의 수당을 안겨 주는 대가가 그리 싼 것이 아님을 빨리 깨달아야 한다.

분양판을 보면 운을 바라는 사람들이 의외로 많다. 운을 끄는 사람들은 노력이 약하다. 분양의 고수들은 절대 기회를 놓치지 않는다. 자기 밥그릇은 반드시 찾아간다.

현장을 볼 줄 아는 능력, 현장에 투입되어 이끌어 나가는 능력이 탁월하다. 특별한 국가적 불황이 아니고는 자기 몫을 반드시 해낸다. 프로라는 것은 돈과 직결돼 있다. 당신의 말이 돈으로 연결되지 못하면 프로가 아니다. 돈으로 만드는 말, 응대법을 만들지 않는 한 아무리 고객을 들여 밀어도 돈이 되지 않는다. 오늘도 어느 분양현장에 새로운 신입사원들이 들어온다. 명퇴자든, 사업을 말아먹은 자든, 아르바이트 학생이나 전단지를 나눠 주는 아줌마든, 말이다.

여기서 당신의 위치는 어느 정도인가? 운좋게 계약하나 했다고 전부가 아니다. 계약 한두 개 하고 분양판을 떠나는 사람이 어디 한두 사람인가? 중요한 것은 지속성이다. 지속성이 진짜 실력이며 분양의 고수다. 어느 회사에 취직했다 하자. 대리에서 계장이 되는데 걸리는 시간이 몇 년이나 될까? 최소한 3~5년 걸린다. 당신이 분양판에서 5년 정도 묵었다면 고참급에 해당한다.

나는 2014년 분양판에 입문했다. 2017년 12월 현재까지 불과 4년이다. 나는 자랑하고 싶을 정도로 업적을 이뤘다. 초기 40일 만에 30채의 계약을 썼고 어느 해는 한 해 동안 100개의 계약을 이뤘다. 누가 봐도 신화적인 업적이다. 그 업적의 내면에는 엄청난 연구, 공부, 훈련이 있었다. 나는 운을 안 믿지는 않는다. 하지만 운에 내인생을 걸지는 않는다.

운은 열심히 하는 자에게 따라오는 보너스다. 내 인생을 보너스에 걸고 살고 싶지 않았다. 내가 주도하는 인생이 내 인생이다. 어느 분양판에 들어가든 주인공이 되고 신화를 이루는 사원이 되길 각오한다. 거기에 노력은 기본이다. 노력 이전에 필요한 것이 있다. 분양인으로서 마인드다.

자신은 과연 분양업에 승부를 걸고 있는가? 묻고 싶다. 사람들이 포기하는 이유는 자신의 업을 하나의 도구로 전락시키기 때문이다. 분양을 통해 돈을 벌 수 있는 기간은 그리 많이 필요하지 않다. 주임에서 계장까지 되는 기간만 투자하면 매월 대기업 간부급 수입을 가져 올 수 있다. 스트레스는 덜하고 훨씬 자유로우면서 말이다. 그러자면 당신의 마음가짐을 바꿔야 한다. 분양으로 승부를 보겠다는 각오를 먼저 가져라! 어쩌다 한탕을 해서 이 분양판을 뜰 생각이라면 빨리 다른 곳을 알아보라고 권한다. 평생의 업이라고 각오할 때 차분히 공부를 할 수 있다. 꼼수를 쓰지 않고 정도를 걷게 한다.

정도! 바른 길을 말한다. 분양의 바른길은 무엇인가? 분양에 대한 기초지식과 응대법 여러 가지 상황을 익히는 자세다. 그리고 마음을 넓고 길게 가지자! 조급해 하지 말자! 조급증은 고객을 몰아내는 멘트를 만든다. 자신의 멘트가 안 먹혀 고객이 다른 곳으로 갔다면 그것 또한 인정하라! 그 정도 실력이 당신의 상태다. 더 실력을 높이려 갈고 닦으면 된다. 분양전문가로서 내공 있는 실력은 상대가 담박 알아본다. 특히 같은 분양 사원이나 동료들이 인정한다. 그 팀장 그 사원과 함께 일하고 싶어 한다.

이제부터 차분히 공부를 하고 훈련을 한다면 당신은 새로운 신화를 맞이할 수 있다.

글을 마치며

　글의 시작은 전국 현장에서 뛰는 수많은 분양인들 때문이었다. 나는 현재 수천 명의 분양인들과 관계를 하고 소통을 하며 지낸다. 운영하는 교육 프로그램이나 컨설팅관계, 블로그와 포스트 등 여러 SNS 통로를 통해 분양인과 소통을 하고 있다. 그들의 고충은 결국 계약을 이끌어 내는 것이다. 많은 분양인들이 생각처럼 그것을 이루지 못한다. 지금 이시간에도 공실로 남아 있는 수많은 현장이 산재해 있다. 상품이 좋은데도 그러함은 분명 분양기술에 문제가 있는 것이다. 크게는 시행사와 대행사의 전략부재가 있겠고 두 번째는 분양인의 능력 한계 때문이다.

　어떤 사람은 한 현장에서 수십 개의 계약을 이루고 나오는데 실패한 사람은 단 한 건의 계약도 이루지 못하고 짐을 싼다. 그는 몇 달간 눈칫밥만 먹다 퇴장을 한 것이다. 서두에 말씀드린 것처럼 나도 거의 일 년간 단 한 건 계약하기가 힘들었다. 그러던 내가 분양신화를 이룬 요인은 어디에 있었을까?

　초기 6개월은 그야말로 죽자 살자 뛰었다. 하지만 소득이 없었다. 나는 여기서 깨달았다 열심과 소득은 비례하지 않는다는 것을. 자신을 내려 놓고 계약을 많이 끊는 팀장과 팀원을 연구하기 시작했다. 연구의 기간은 소득에 비해 그리 길게 필요치 않았다. 핵심은 바로 그것이다. 잘 된 사람들을 연구하는 것이다.

방법을 바꿔야 한다. 당신이 그런 마인드로 연구하고 배우려 한다면 주변에서 도와줄 자가 나설까? 아니다! 오히려 경계를 하고 몸을 사릴 것이다. 왜냐? 당신은 그 자의 경쟁자이기 때문이다.

지혜롭게 당신의 실력을 업그레이드 하는 방법을 알려 주고자 이 책을 썼다. 누구도 함부로 가르쳐 주지 않았던 분양 신화와 월 오천 소득의 신화다. 구체적이고 더 자세한 부분은 책으로 표기하기가 힘들다. 또 표기한들 당신이 숙지하기가 어렵다.

나는 전체적 분양신화의 구도만 펼쳐 준 것이다. 그렇다면 왜 나는 이것을 공개했을까? 그것은 모든 현장이 내 현장이 아니기 때문이다. 또 분양인으로서 같이 공유하고 싶은 이타적 공동체 의식도 작용했다. 젊은 나이에 쓰디쓴 맛을 보고 인생을 조금 알게 되었다.

인생이란, 딱 이것이다 감히 말할 수 없지만 내가 먹지 못할 것은 나누는 것이 최소한의 인간적 가치가 있다고 생각했기 때문이다. 돈만이 인생의 전부 가치가 아니기 때문이다. 이런 나눔으로 많은 분양인들이 좀더 나은 생활과 행복을 누리기를 기대하면서 이 책을 드린다.